C. Peter Wagner

Die Gaben des Geistes für den Gemeindeaufbau

Wie Sie Ihre Gaben entdecken
und einsetzen können

Mit einer Einführung
von Christian A. Schwarz

Schriftenmissions-Verlag
Neukirchen-Vluyn

ABCteam

ABCteam-Bücher erscheinen in folgenden Verlagen:
Aussaat- und Schriftenmissions-Verlag Neukirchen-Vluyn
R. Brockhaus Verlag Wuppertal
Brunnen Verlag Gießen (und Brunnquell Verlag)
Christliches Verlagshaus Stuttgart (und Evangelischer Missionsverlag)
Oncken Verlag Wuppertal und Kassel

Titel der amerikanischen Originalausgabe:
Your Spiritual Gifts Can Help Your Church Grow

Published by Regal Books Division, G/L Publications,
Glendale, California 91209

Ins Deutsche übertragen
von Mathilde Thielker und Christian A. Schwarz

4. Auflage 1990

Umschlag: Meussen/Künert, Essen
Druck: Steinbeck-Druck, Sprockhövel
Printed in Germany
ISBN: 3-7958-2872-4

Inhalt

Verzeichnis der Geistesgaben

In diesem Buch werden die einzelnen Geistesgaben jeweils an den Stellen behandelt, wo es im Gesamtzusammenhang des Buches am sinnvollsten ist. Um das Nachschlagen zu erleichtern, sind in diesem Verzeichnis die Gaben in derselben Reihenfolge aufgelistet, wie sie in Kapitel 2 eingeführt werden. Dazu ist jeweils die Seitenzahl des Abschnittes angegeben, in dem näher auf die entsprechende Gabe eingegangen wird.

Einführung in die deutsche Ausgabe

Um ehrlich zu sein: Mir gingen die verrücktesten Gedanken durch den Kopf, als ich erlebte, wie Peter Wagner, Gemeindeaufbau-Professor am „Fuller Theological Seminary", seinen Studenten beibrachte, wie sich Taschenrechner und Kleincomputer für gezielte Gemeindeanalysen einsetzen lassen. Ist dies nicht der endgültige Beweis für amerikanische Methodengläubigkeit? Ist dieser Mann nicht auf dem besten Wege, den Heiligen Geist arbeitslos zu machen? Oder ist es nur mein eigener provinzieller Hintergrund, der mich solchen Versuchen gegenüber skeptisch macht?

Dann gab es eine kurze Kaffeepause. Der Professor legte seinen Taschenrechner aus der Hand, um einigen Studenten, die zum Teil schwer erkrankt waren, die Hände aufzulegen und für sie zu beten. Und vor unseren Augen ereigneten sich mitten im Seminarraum Wunder über Wunder. Also: Methodengläubiger Technokrat – das scheint dieser Peter Wagner nun wirklich nicht zu sein. Er rechnet ganz offensichtlich mit der Gegenwart des Heiligen Geistes und mit seinem übernatürlichen Wirken. Vielleicht ein „charismatischer Schwärmer"? Aber auch das trifft nicht – denn die Nüchternheit und Präzision, mit der er geistliche Phänomene betrachtet, scheint mir meilenweit entfernt von dem zu sein, was ich mir unter einem „Schwarmgeist" vorstellen würde.

Drei Monate lang hatte ich im Wintersemester 1986 während eines Forschungsaufenthaltes in den USA die Gelegenheit, Peter Wagner in den unterschiedlichsten Situationen zu erleben: als Dozent am „Fuller Theological Seminary", als Referent bei auswärtigen Veranstaltungen, als Sonntagsschullehrer in seiner eigenen Gemeinde – und nicht zuletzt: als geduldigen Gesprächspartner in vielen Stunden des gemeinsamen Nachdenkens über den Gemeindeaufbau.

Peter Wagner gilt als der zur Zeit führende Kopf der weltweiten Gemeindeaufbau-Bewegung. Nachdem er 15 Jahre lang als Missionar in Bolivien tätig war, bekam er 1971 am

„Fuller Seminary" in Pasadena eine Professur für Gemeindeaufbau. An dieser theologischen Ausbildungsstätte hatte Dr. Donald McGavran 1965 eine neue Fakultät für Gemeindeaufbau gegründet. Mittlerweile gilt das „Fuller Seminary" als weltweit führende Forschungs- und Ausbildungsstätte für den Gemeindeaufbau.
Kennzeichen des „Fuller Seminary" ist die offene Art, mit der hier Theologie getrieben wird: Es kommen Studenten aus über 50 Ländern und mehr als 60 unterschiedlichen Denominationen zusammen. Dogmatismus und Konfessionalismus, Abgrenzungssucht und Rechthaberei – weitverbreitete Krankheiten der Gemeinde Jesu Christi – können in diesem Umfeld schlecht gedeihen. Man ist darauf angewiesen, trotz aller Unterschiede in Frömmigkeitsstil, Kultur, Weltanschauung, Theologie und politischer Einstellung miteinander auszukommen. Aber wahrscheinlich ist das noch viel zu negativ ausgedrückt: Diese ungeheure Vielfalt wird am „Fuller Seminary" als ausgesprochene Bereicherung empfunden, geradezu als Kennzeichen für die Kreativität Gottes, der sich verschiedenen Menschen gegenüber auf ganz unterschiedliche Weise offenbart.
Auch hier gibt es selbstverständlich Auseinandersetzungen zwischen denen, die sich „Charismatiker" nennen und denen, die dieser Frömmigkeitsrichtung eher skeptisch gegenüberstehen. Während meines Aufenthaltes am „Fuller Seminary" habe ich mit vielen Studenten und Professoren gesprochen und dabei gespürt, daß im Blick auf diese Frage sehr unterschiedliche Meinungen herrschen.
Das Interessante ist nun, daß Peter Wagner von beiden Gruppen akzeptiert wird: Er wird als Referent sowohl in charismatische als auch in nichtcharismatische Kreise eingeladen und stellt sich diesem Dienst auf beiden Seiten der Auseinandersetzung mit gleicher Leidenschaft. Was ist das Besondere an seiner Position? Einerseits rechnet Wagner mit der Fülle aller neutestamentlich bezeugten Geistesgaben – und noch einiger darüber hinaus. Für ihn ist es keine Frage, daß Zeichen und Wunder auch heute geschehen kön-

nen, und er freut sich, wenn Gott sie sogar in seinem Seminarraum tut. Auf der anderen Seite aber macht er in keiner Weise das Vorhandensein bestimmter Gaben zum Gesetz: Er hat genügend Gemeinden untersucht, in denen bestimmte „Zeichengaben“ (z.B. Prophetie, Krankenheilung, Zungenreden) nicht vorkommen – und die dennoch modellhafte Beispiele dafür sind, wie Gemeindeaufbau im 20. Jahrhundert konkret werden kann. Wagner läßt sich also für keine Position, weder für die charismatische noch für die anticharismatische, vereinnahmen.

Was aber ist dann seine Position? Er selbst sagt: der Gemeindeaufbau. Alle Gaben, so Wagner, müssen für den Aufbau des Leibes Christi nützlich sein. Und das gilt ausnahmslos für jede Gabe: ob es sich um Lehren, Dienen, Gastfreundschaft oder um Prophetie, Krankenheilung und Zungenreden handelt. Geistliche Gaben sind kein Selbstzweck, sondern immer Mittel zum Zweck. Und weil Wagner so sehr am Gemeindeaufbau interessiert ist, kann er der Vielzahl von unterschiedlichen Frömmigkeitsstilen nur positiv gegenüberstehen. Er weiß: Eine uniforme Gemeindeform mit der gleichen Liturgie, dem gleichen Vokabular, dem gleichen Gesangbuch, der gleichen Struktur – das würde uns der Einheit der Gemeinde Jesu Christi kein Stück näherbringen. Es wäre vielmehr der Tod im Topf.

Sein Buch über geistliche Gaben ist das derzeit einzige Buch, das dieses Thema konsequent unter dem Gesichtspunkt des Gemeindeaufbaus betrachtet. In Amerika ist es innerhalb weniger Jahre zum absoluten Bestseller über das Thema Gaben geworden. Charismatische und nichtcharismatische Gemeinden können sich hier wiederfinden, arbeiten es mit Begeisterung durch, lassen ihre Gemeindepraxis von diesem Ansatz prägen.

Für Peter Wagner ist die Frage nach den Gaben des Geistes eine der Schlüsselfragen zum Gemeindeaufbau. Eine Untersuchung der Agentur für Gemeindeaufbau und Publizistik im Frühjahr 1987 ergab, daß von 1.200 befragten Christen – durchweg engagierte Mitarbeiter in missionarisch aktiven

Gemeinden – nur 20 Prozent ihre geistlichen Gaben kennen und einsetzen. Das heißt: 80 Prozent unserer besten Mitarbeiter sind sich unsicher, welche Gabe(n) ihnen Gott gegeben hat. Sie sind sich unsicher, an welcher Stelle Gott sie gebrauchen möchte. In dieser Situation kann das Buch von Peter Wagner ausgesprochen hilfreich sein. Es soll jeden Christen dazu befähigen, seine eigene(n) Gabe(n) zu entdekken, zu entwickeln und für den Gemeindeaufbau einzusetzen.
Ergänzend zum Buch sind verschiedene Arbeitsmaterialien erstellt worden, die dabei helfen können, seine Gedanken in die Praxis einer konkreten Gemeinde umzusetzen:

● Erstens bietet das Gießener Institut für Gemeindeaufbau seit einiger Zeit Arbeitsunterlagen für ein Seminar über Geistesgaben an, das eine Gemeinde in Eigenregie durchführen kann. Dieses Seminar enthält unter anderem einen ausführlichen Fragebogen, der als wichtiger Baustein bei der Identifizierung der eigenen Gaben dienen kann. Das Konzept des Seminars beruht auf den Gedanken dieses Buches. Kontaktadresse: Institut für Gemeindeaufbau, Am Unteren Rain 2, 6300 Gießen, Tel. 0641/77661.

● Zweitens hat die Agentur für Gemeindeaufbau und Publizistik eine Fülle von praktischen Hilfsmitteln zum Entdekken und Einsetzen von geistlichen Gaben entwickelt. Das Aktionspaket „So entdecken Sie Ihre Gaben" enthält u.a. einen „60-Minuten-Gabentest", mit dessen Hilfe jeder Christ seine eigenen Gaben identifizieren kann, sowie ein ausführliches Arbeitsheft zum Wagner-Buch, das weitere praktische Hilfen zum Entdecken und Einüben von geistlichen Gaben bietet. Eine für Gruppen konzipierte Version dieses Aktionspakets enthält zehn Teilnehmerpakete, Tips zum Leiten der Gruppe sowie eine Einführungscassette. Kontaktadresse: Agentur für Gemeindeaufbau und Publizistik, Altkönigstraße 4, D-6239 Kriftel bei Frankfurt, Tel. 0 61 92/2 68 82.

Als ich dieses Buch in der amerikanischen Fassung vor etwa vier Jahren zum ersten Mal in die Hand bekam, da benutzte es Gott, um mich auf verschiedene geistliche Sachverhalte aufmerksam zu machen, die ich vorher noch nie so klar gesehen hatte: Wenn ich herausfinden will, wozu Gott mich berufen hat, dann habe ich konsequent nach den Gaben zu fragen, die er mir gegeben hat. Wer seinen Gaben entsprechend lebt – der kann Gott am effektivsten dienen. Dieser einfache Gedankengang, den ich im Neuen Testament bestätigt fand, hat seitdem bei mir persönlich eine Lawine von Veränderungen ausgelöst. Bloße Klischees, wie ein hauptamtlicher Dienst für Christus auszusehen hat, zerbrachen. Mittlerweile bemühe ich mich, meinen eigenen Beruf ganz konsequent unter dem Aspekt zu gestalten: Wozu hat Gott mich begabt? Und je konsequenter ich so frage, desto mehr erlebe ich, wie Gott meinen Dienst überreichlich segnet. Gott hat jedem Christen (mindestens) eine geistliche Gabe gegeben – das ist die These dieses Buches. Wenn wir also unsere Gabe noch nicht kennen, dann liegt das nicht an Gott. Vielleicht liegt es lediglich daran, daß uns bislang niemand dabei geholfen hat, unsere geistlichen Gaben zu entdecken, zu entwickeln und einzusetzen. Wie das geschehen kann? Die folgenden Seiten können ein wichtiger Schritt sein, um auf diese Frage eine Antwort zu finden.

Kriftel b. Frankfurt, im Sommer 1987

Christian A. Schwarz

Vorwort: Warum ein weiteres Buch über Geistesgaben?

Wenn ich hiermit inmitten der umfangreichen Literatur zum Thema Geistesgaben ein weiteres Buch veröffentliche, dann muß ich dafür gute Gründe haben.

Keines der vielen Bücher, die ich zu diesem Thema gelesen habe, setzt die Gaben des Geistes ausdrücklich in Beziehung zum Gemeindeaufbau. Die meisten Bücher erklären, wie die Gaben den einzelnen Gläubigen in ihrem Glaubensleben weiterhelfen, wie sie dazu beitragen, die Gemeinde lebendiger zu machen, oder welche Bedeutung sie für die christliche Gemeinschaft haben. Dies alles sind wichtige Fragen, denen ich nachgehen will, aber es sind nicht die Kernfragen dieses Buches. Dieses Buch ist aufgabenorientiert. Es sieht Geistesgaben nicht als Selbstzweck, sondern als Mittel zum Zweck. Im Klartext: Ich will zeigen, wie die Gaben des Geistes Christen befähigen können, ihren Platz in der Erfüllung des Auftrages Jesu zu finden: „Gehet hin und machet zu Jüngern alle Völker!“ (Mt 28,19-20).

Dies ist auch der Grund, warum auf einige Gaben gründlicher eingegangen wird als auf andere. Zwar sind alle Gaben wichtig, damit der Leib Christi richtig funktionieren kann, doch es gibt bestimmte Gaben, die für das Wachstum der Gemeinde größere Bedeutung haben als andere. Auf den gesamten Heilsplan Gottes bezogen sind Gaben wie Wundertaten, Helfen, Zungenreden, Gastfreundschaft und Seelsorge von großer Bedeutung. Aber für den Gemeindeaufbau und das Wachstum der weltweiten Gemeinde Jesu Christi sind sie nicht so entscheidend wie zum Beispiel die Gabe des Evangelisten oder des Hirtendienstes oder des Missionars oder des Apostels. Wenn ich im Verlauf dieses Buches insgesamt 27 Geistesgaben behandle, dann möchte ich bei den Gaben, die für den Gemeindeaufbau sekundär sind, zeigen, wie auch sie dazu beitragen können, daß verlorene Menschen zum Glauben an Jesus Christus kommen und in der Gemeinschaft mit anderen Christen ein neues Leben lernen.

Dieses Buch über Geistesgaben ist im wesentlichen ein Buch über Gemeinde-Gesundheit. Wir, die wir uns für den Gemeindeaufbau engagieren, hören allzu häufig den Vorwurf, nur an Zahlen interessiert zu sein und die Quantität auf Kosten der Qualität zu betonen. Diese Vorwürfe sind nicht fair, denn die führenden Vertreter der Gemeindeaufbau-Bewegung betonen fortwährend, daß ihr Ziel der Aufbau des Leibes Christi ist – im vollen biblischen Sinne. Wir sind nicht im geringsten daran interessiert, unsere Energien darauf zu verschwenden, religiöse Clubs oder Altäre einer bürgerlichen Religiosität zu errichten. Wir sind daran interessiert, Gruppen von Menschen aufzubauen und zu vervielfältigen, die sich mit ihrem ganzen Leben der Herrschaft Jesu Christi unterstellen und sich gegenseitig dienen. Dabei wissen wir, daß die Gesundheit einer Gemeinde von eminenter Bedeutung für ihr Wachstum ist. Gemeinden wachsen, weil sie gesund sind. Wenn Gemeinden gesund sind, wachsen sie. Deshalb: Das Konzept der geistlichen Gaben wird eine Gemeinde auch zu zahlenmäßigem Wachstum führen. Warum? Weil dieses Konzept biblisch ist, weil es die Christen Christus ähnlicher macht und weil es zur Gesundheit des Leibes Christi beiträgt!
Meines Erachtens ist also schon längst ein Buch fällig, das die bisherigen Einsichten über Geistesgaben mit den Erkenntnissen kombiniert, die in den letzten Jahren in der Gemeindeaufbau-Bewegung entwickelt wurden. Und schließlich möchte ich praktische Vorschläge machen, wie diese Erkenntnisse in den Gemeinden umgesetzt werden können.

Bisherige Versuche

Seit mehr als 20 Jahren behandle ich in meinen Vorlesungen das Thema der Geistesgaben. Ein beträchtlicher Teil dessen, was ich unterrichtet habe, wurde bereits in verschiedenen Büchern veröffentlicht. Dieses Buch baut auf meinen bisherigen Versuchen auf, geht aber gleichzeitig über das bisher

Gesagte hinaus. Durch eigenes Arbeiten über das Thema und zahllose Kontakte zu Gemeinden an der Basis habe ich zwischenzeitlich vieles gelernt, was ich vorher nicht wußte. Mir ist bewußt, daß ich auch dann, wenn dieses Buch bereits gedruckt ist, noch viel dazulernen werde. Aber gleichzeitig habe ich den Eindruck, daß die Zeit reif ist, meine derzeitigen Erkenntnisse zu veröffentlichen.
Nachdem wir bereits einiges über Geistesgaben im allgemeinen wissen, werden sich viele dafür interessieren, was dieses Konzept mit den vielen Fragen zu tun hat, die die Christen heute bewegen. Darüber muß weiter nachgedacht werden. Ich würde gern mehr Literatur auf dem Markt sehen, die sich solchen Fragen stellt: Geistesgaben und Anbetung, Geistesgaben und Erwachsenenbildung, Geistesgaben und soziales Engagement, Geistesgaben und Hauskreise – die Titelserie ließe sich fortsetzen.

Mein persönlicher Hintergrund

Immer wenn ich ein Buch über Geistesgaben in die Hand bekomme, möchte ich wissen, welchen persönlichen Hintergrund der Autor hat. Mir ist wohler, wenn er deutlich zum Ausdruck bringt, ob er aus einer reformierten oder methodistischen oder pfingstlerischen oder charismatischen oder welcher Tradition auch immer kommt. Obwohl ich weiß, daß viele gegen solche Etikettierungen allergisch sind, habe ich nichts dagegen, denn es ist schwierig, die theologischen Aussagen eines Autors unabhängig von seinem persönlichen Hintergrund zu verstehen.
Mein Beruf ist der Gemeindeaufbau. Ich wurde zum Gemeindeaufbau bekehrt, als ich Ende der sechziger Jahre als Missionar auf Heimaturlaub bei Dr. Donald McGavran an der Gemeindeaufbau-Fakultät des „Fuller Theological Seminary“ studierte. Seitdem ist der Gemeindeaufbau zu meiner Lebensaufgabe geworden. Heute lehre ich selbst am Fuller-Seminary Gemeindeaufbau; daneben trage ich Mitverantwortung für das „Charles E. Fuller Institute of Evan-

gelism and Church Growth", einer Einrichtung, die sich der Gemeindeaufbau-Beratung verschrieben hat. Dadurch habe ich ständig Kontakt zu unzähligen Leitern von Kirchen und Gemeinden. Derzeit genieße ich das Vorrecht, Jahr für Jahr vor etwa 3.000 Pfarrern und ehrenamtlichen Mitarbeitern aller Konfessionen über Gemeindeaufbau zu sprechen.

Was die Einstellung zu Geistesgaben betrifft, identifiziere ich mich weder mit den pfingstlerischen noch mit den neupfingstlerischen noch mit den charismatischen Bewegungen, obwohl ich mit großer Freude meinen Dienst in allen diesen Gruppierungen tue. Meine drei Geistesgaben sind die des Lehrens, der Erkenntnis und des Missionars. Bis vor einiger Zeit glaubte ich, auch die Gabe der Organisation zu haben, aber kürzlich fand ich heraus, daß ich sie nicht habe. In diesem Buch werde ich beschreiben, auf welchen Wegen ich erkannt habe, welche Gaben mir Gott gegeben hat und welche nicht.

Worauf ich mit diesen Einführungen hinaus will: Dies ist kein baptistisches oder pfingstlerisches oder lutherisches oder methodistisches oder reformiertes oder charismatisches oder nichtcharismatisches Buch. Mich interessiert nicht kirchliche Polemik, mich interessiert der Gemeindeaufbau. Ich bin daran interessiert, herauszufinden, wie die Gaben des Geistes in allen der genannten Traditionen zum Zuge kommen können, so daß immer mehr verlorene Menschen Versöhnung mit Gott erleben und in die liebende Gemeinschaft der Gemeinde Jesu Christi eingegliedert werden – das kirchliche Etikett ist dabei Nebensache. Ich möchte Ihnen dabei helfen, die Gaben des Geistes in Ihrer gemeindlichen Struktur zum Zuge kommen zu lassen und Ihnen zeigen, wie Christen Ihrer Couleur damit umgehen können.

Mir ist sehr wohl bewußt, daß ich dieses Ziel nicht ganz erreichen werde. Ja, auch ich bin nicht frei von bestimmten Voraussetzungen, die Sie im Laufe des Buches noch kennenlernen werden. Ich bemühe mich, meine persönliche Einstellung so wenig wie möglich ins Spiel zu bringen, obwohl es auch Stellen gibt, an denen ich klar sage, warum ich bestimmte Ansichten für falsch halte. Diese Vorgehensweise wird mir sicherlich von einigen Seiten Kritik einbringen. Trotzdem soll dieses Buch in keiner Weise polemisch sein, wie es zugegebenermaßen ein paar meiner Bücher sind. Mein Buch soll authentisch sein. Deshalb nenne ich immer wieder reale Personen, Orte und Gemeinden. Und ich werde freimütig die Ich-Form benutzen, weil ich möchte, daß der Leser so deutlich wie möglich sieht, wie ich selbst durch mannigfache Schwierigkeiten gegangen bin, um meine Gaben zu entdecken, zu entwickeln und einzusetzen.

Doris, meine Frau, war mir beim Schreiben dieses Buches die größte Hilfe. In ihrer Aufgabe als Ehefrau und Sekretärin zugleich hat sie mich zu Hause ermutigt, vor allen unnötigen Unterbrechungen abgeschirmt, das Manuskript korrigiert und schließlich getippt. Die Bemühungen meines Assistenten Roger Bosch in Forschung und Beratung waren mir ebenfalls eine große Hilfe. Und schließlich möchte ich meinen Dank Arthur Glasser, dem Dekan der Gemeindeaufbau-Fakultät des Fuller Seminary, und meinen Fakultätskollegen aussprechen, die mich während meines Sabbat-Semesters vertraten und mich in jeder nur erdenklichen Weise unterstützten.

C. Peter Wagner
Pasadena, Kalifornien
Mai 1978

1. Unwissenheit macht nicht selig

Wer sollte über die Gaben des Geistes Bescheid wissen? *Sie* sollten darüber Bescheid wissen, wenn Sie

1. Christ sind,
2. den Wunsch haben, Jesus als Ihrem Herrn immer besser zu folgen, und
3. sich danach sehnen, daß Ihre Gemeinde eine gesunde, anziehende, wachsende Gruppe von Menschen wird, die Gottes Liebe zu allen Menschen zum Ausdruck bringt.

„Über die Gaben des Geistes will ich euch nicht in Unkenntnis lassen", schreibt der Apostel Paulus in 1. Korinther 12,1. Die Gemeinde in Korinth, an die Paulus sich hier wendet, brauchte dringend Belehrung über geistliche Gaben. Heute gibt es zahllose andere Gemeinden, in Philadelphia, Kansas City, Manchester, Wien und Frankfurt, die ebenso darauf angewiesen sind. Obwohl landauf, landab ein neues Interesse am Heiligen Geist aufgebrochen ist, sind sich die meisten Gemeinden nicht einmal ansatzweise bewußt, welch unglaubliches Potential Gott ihnen bereits gegeben hat – ein Potential, das nur darauf wartet, freigesetzt zu werden. Solche Unwissenheit kann tödlich sein!

Unwissenheit hinsichtlich der Geistesgaben scheint mir einer der Hauptgründe dafür zu sein, daß wir uns mit dem Gemeindeaufbau so schwer tun. Aber auch im persönlichen Leben vieler Christen wirkt sich diese Unwissenheit verheerend aus: Entmutigung, Verunsicherung, Frustration und falsche Schuldgefühle sind nur einige der Folgen, die einen wirksamen und fröhlichen Dienst für Gott verhindern.

Sind Sie wirklich die Person, als die Gott Sie geplant hatte? Wenn nicht, kann Ihnen dieses Buch vielleicht dabei helfen, eine neue Richtung einzuschlagen. Die Unwissenheit über Geistesgaben beseitigen Sie nicht durch irgendeine magische Formel, die Sie von einem Moment zum anderen zu geistlicher Reife bringt. Ihre Beziehung zu Gott wird von verschiedenen Faktoren geprägt – der Umgang mit geistlichen Gaben ist nur einer dieser Faktoren. Dennoch: Sie können schon bald neue Entdeckungen im Glauben machen, wenn Sie den grundlegenden Schritt tun, den jeder Christ tun muß, der Gottes Willen für sein Leben erkennen möchte: das Herausfinden Ihrer geistlichen Gabe bzw. Gaben.

Vielen werden diese Aussagen so verlockend erscheinen, daß sie an meiner Glaubwürdigkeit zweifeln. Sie werden sich fragen, ob ich nicht maßlos übertreibe.

Ich glaube nicht, daß ich übertreibe. Die Bedeutung, die ich dem bewußten Umgang mit geistlichen Gaben beimesse, kommt einerseits durch meine Beschäftigung mit dem Wort Gottes. In 2. Timotheus 3,16-17 finden wir den Hinweis, daß jedes Schriftwort von Gott inspiriert ist, so daß „der Mensch Gottes vollkommen und zu jedem guten Werk fähig" wird. Die wichtigste Quelle bei der Suche nach Anleitung für unser geistliches Leben muß also die Bibel sein. Sie ist durch nichts zu ersetzen.

Aber es gibt noch eine zweite Quelle, die – obwohl nur sekundär – mein Denken ebenfalls geprägt hat. Diese Quelle ist meine Erfahrung. Kürzlich wurde ich in einem Rundfunk-Interview gefragt, was meine wichtigste geistliche Erfahrung nach meiner Bekehrung gewesen sei. Meine Antwort: „Das Entdecken meiner geistlichen Gaben."

Wie wir Gottes Willen erkennen

Viele Christen kennen aus der Zeit ihrer ersten Glaubenslektionen Römer 12,1-2. Dieser Text gehörte zu den ersten Bibelworten, die ich auswendig lernte, als ich vor 27 Jahren Christ wurde: „Ich ermahne euch nun, liebe Brüder, bei der Barmherzigkeit Gottes, daß ihr euer Leben hingebt als ein Opfer, das lebendig, heilig und Gott wohlgefällig ist. Das sei für euch der wahre Gottesdienst. Und stellt euch nicht dieser Welt gleich, sondern ändert euch durch Erneuerung eures

Sinnes, damit ihr prüfen könnt, was Gottes Wille ist, nämlich das Gute und Wohlgefällige und Vollkommene."
Der letzte Satz dieses Abschnitts übt eine große Anziehungskraft auf junge Christen aus. Gottes Willen und damit das „Gute, Wohlgefällige und Vollkommene zu tun" – das ist die ehrliche Sehnsucht jedes Menschen, der wirklich wiedergeboren ist. Wenn ein Mensch erkennt, daß Jesus sein Blut vergossen hat, um ihn zu erlösen, dann ist einer seiner ersten Worte: „Danke, Gott. Ich liebe dich und bin dir dankbar für das, was du getan hast. Ich will dir dienen. Jetzt zeige mir, wie ich deinen Willen tun kann."
Diese Verse aus Römer 12 haben in meiner eigenen geistlichen Entwicklung eine wichtige Rolle gespielt. Sie haben mir klargemacht, daß zum christlichen Leben persönliche Hingabe gehört. Aber sie waren mir keine Hilfe dabei, den Willen Gottes für mein eigenes Leben herauszufinden. Ich schloß aus diesen Versen: Mit je mehr Hingabe ich lebte, desto wahrscheinlicher würde ich den Willen Gottes erkennen können.
Dieses Konzept, das ich heute „Theologie der Hingabe" nenne, war unter den Christen, mit denen ich damals zu tun hatte, weit verbreitet. Es gab in unserer Nähe ein christliches Zentrum, das für uns zu einem Symbol für „Wachstum in der Hingabe an Christus" geworden war. Immer wenn wir Probleme hatten, den Willen Gottes für eine bestimmte Situation in unserem Leben zu erkennen, wurde uns geraten, uns für ein paar Tage in die Stille dieses Zentrums zurückzuziehen. Dann, so wurde uns versichert, würde uns Gottes Wille für unser Leben ganz automatisch klar. Wenn ich auf diese Zeit zurückblicke, kann ich nur sagen: Gott hat dieses Zentrum und die dort vertretene „Theologie der Hingabe" tatsächlich benutzt, um mir seinen Willen zu offenbaren. Aber das heißt noch lange nicht, daß dies der beste aller möglichen Wege war. Es ist grundsätzlich auch möglich, mit dem Fahrrad von Los Angeles nach San Francisco zu fahren oder mit einem Teelöffel das Fundament für ein Haus zu graben. Es gibt aber weitaus bessere Wege.

Verstehen Sie mich nicht falsch: Hingabe an Christus ist nötig, um Gottes Willen zu tun – keine Frage. Wenn es aber um praktische Schritte geht, den Willen Gottes herauszufinden, dürfen wir nicht bei Römer 12,1-2 stehenbleiben. Gleich die anschließenden Verse 3-6 geben uns klare Orientierungshilfe.

Gaben-Theologie

Der Schlüssel dafür, den Willen Gottes für unser Leben zu erkennen, liegt darin, „nüchtern" über uns selbst zu denken, wie Paulus in Vers 3 schreibt. Ausgangspunkt muß also eine realistische Selbsteinschätzung sein: „Keiner soll höher von sich denken, als es angemessen ist", übersetzt die „Gute Nachricht".

Zu einer realistischen Selbsteinschätzung gehören zwei Schritte. Der erste Schritt: Wir dürfen keinen Stolz aufkommen lassen. Die nüchterne Einschätzung dessen, was ich in Gottes Augen bin, führt zur Demut. Der zweite Schritt ist die Erkenntnis, daß jeder Christ ein „bestimmtes Maß an Glauben" zugeteilt bekommen hat. Das macht seine Einzigartigkeit aus.

Aus Römer 12,4 lernen wir, daß wir schon viel über Geistesgaben begriffen haben, wenn wir verstehen, wie ein menschlicher Körper funktioniert. Dazu brauchen wir keine Experten in Anatomie oder Physiologie oder Genetik zu sein. Wir müssen nur erkennen, daß unser menschlicher Körper aus vielen Gliedern besteht, und jedes Glied eine andere Funktion hat. Mit anderen Worten: Wenn wir verstanden haben, daß wir mit unserem Ohr niemals eine Tür öffnen und mit unserer Hand nicht hören können, haben wir das Wesentliche schon begriffen. Glieder sind dazu geschaffen, ihre spezielle Aufgabe zu erfüllen – *und kein Stück mehr.* Wir sind auf dem Holzweg, wenn wir von ihnen erwarten, etwas zu tun, für das sie gar nicht geschaffen sind.

Das wirft eine weitere Frage auf. Wenn ich Glied am Leib Christi bin – woher weiß ich, ob ich nun ein Ohr oder eine

Hand oder ein anderes Glied bin? Wie erkenne ich, welche Funktion ich erfüllen soll? Antwort: Der Zweck, den ich für den Leib erfülle, ist durch meine geistliche Gabe bzw. meine Gabenkombination bestimmt.

Wie der Leib Christi organisiert ist

Was ist der Leib Christi? In einigen Abschnitten der Bibel wird er ausdrücklich mit der Gemeinde gleichgesetzt. Immer wenn ich also in diesem Buch den Begriff Leib Christi benutzen werde, meine ich damit die christliche Gemeinde.

Natürlich existiert die Gemeinde Jesu Christi auf vielen Ebenen. Der Leib Christi – das kann die örtliche Gemeinde, das kann eine Konfession, das kann aber auch ein Missionswerk sein. Und mit dem Leib Christi ist schließlich die Gesamtheit aller Menschen in allen Ländern der Welt gemeint, die zu allen Zeiten Jesus Christus ihren Herrn genannt haben.

Einerseits hat Gott nicht geplant, daß der Leib Christi diktatorisch organisiert ist, also nur von einer Person regiert wird, wie wohlwollend sie auch immer sein mag. Andererseits hat er aber den Leib Christi auch nicht als Demokratie geplant, wo jeder regiert. Dieser Punkt muß gerade in unserer Gesellschaft hervorgehoben werden, weil wir so stolz auf unsere Demokratie sind, daß wir dazu neigen, dieses Modell auf unsere Gemeinden zu übertragen, ohne es zu hinterfragen.

Gott hat sich etwas anderes ausgedacht: Der Leib Christi ist ein Organismus, dessen Haupt Christus ist und an dem jeder Christ mit seiner geistlichen Gabe Anteil hat. Das Konzept der geistlichen Gaben ist der Schlüssel, zu verstehen, wie die Gemeinde Jesu Christi organisiert ist. Wenn Sie sich also entschließen, Ihre Gemeinde durch geistliche Gaben aufzubauen, lassen Sie sich lediglich auf den Plan ein, den sich Gott für Ihre Gemeinde schon längst ausgedacht hat.

Wer hat geistliche Gaben?

Nicht jeder Mensch hat eine geistliche Gabe. Ungläubige haben keine. Aber jeder Christ hat mindestens eine geistliche Gabe, möglicherweise sogar mehrere. Die Bibel sagt, daß jeder Christ eine Gabe empfangen hat (vgl. 1 Petr 4,10) und daß sich in einem jeden von uns „die Gaben des Geistes zum gemeinsamen Nutzen" offenbaren (1 Kor 12,7).

Viele Christen haben mehrere Gaben. Bei wieviel Prozent der Christen das so ist, weiß ich nicht. Dies ist eine interessante Fragestellung, die noch genauer untersucht werden müßte. Ich schätze aber, daß die Mehrheit aller Christen nicht nur eine Gabe, sondern eine Kombination von mehreren Gaben erhalten haben. Auch der Grad der Begabung und die Art und Weise, wie eine bestimmte Gabe praktiziert wird, können sich von Christ zu Christ beträchtlich unterscheiden. Die Kombination all dieser Faktoren macht einen Großteil unserer geistlichen Persönlichkeit aus.

Bisweilen sind Eltern überrascht, welch unterschiedliche Persönlichkeiten ihre Kinder entwickeln. Bei Gottes Kindern ist das nicht anders. Jeder Christ ist ein unverwechselbares Glied am Leib Christi, und seine Identität ist zum großen Teil durch die Gabenkombination bestimmt, die Gott ihm gegeben hat. Manche Christen reagieren ganz erstaunt, wenn sie nach Jahren passiver Gemeindezugehörigkeit herausfinden, daß sie gebraucht werden und daß sie zudem begabt sind, ihre unverwechselbare Aufgabe am Leib Christi zu erfüllen.

Gaben und Berufung

Christen sind daran gewöhnt, von ihrer „Berufung" zu sprechen. Teil unseres religiösen Vokabulars sind Sätze wie: „Gott hat mich berufen, dies oder jenes zu tun", oder: „Ich glaube nicht, daß Gott mich zu dieser oder jener Sache berufen hat." Was nur selten gesehen wird: Die „Berufung" eines Menschen hat sehr viel mit seinen geistlichen Gaben zu tun.

Die *allgemeine Berufung* eines Christen ist identisch mit seiner geistlichen Gabe. Es gibt keinen besseren Weg, seine Berufung herauszufinden, als die eigene Gabenkombination zu erkennen. Gott gibt keine Gaben, zu deren Einsatz er die Christen nicht auch „beruft". Andererseits: Er beruft keinen Menschen zu etwas, ohne ihn mit der entsprechenden Gabe auszurüsten.
Neben dieser *allgemeinen Berufung* gibt es die *spezielle Berufung*. Sie entscheidet darüber, in welcher Weise oder in welchem Zusammenhang eine bestimmte Gabe ausgeübt werden soll. Ein Mensch kann zum Beispiel die Gabe des Lehrens haben. Das ist seine allgemeine Berufung. Seine spezielle Berufung entscheidet darüber, ob er diese Gabe in der Arbeit mit Kindern einsetzt oder als Rundfunk-Redakteur oder als Buchautor. Ein Mensch kann die Gabe des Missionars haben und die spezielle Berufung bekommen, diese Gabe in Indonesien auszuüben. Innerhalb der allgemeinen Berufung, die durch die Geistesgaben bestimmt ist, gibt es also verschiedene Wege, diese Gabe zu praktizieren.

Was ist eine Geistesgabe?

An dieser Stelle ist es sinnvoll, genau zu definieren, was wir unter einer *geistlichen Gabe* verstehen. Die Definition, mit der ich im folgenden arbeiten möchte, lautet so:

Eine Geistesgabe ist eine besondere Fähigkeit, die der Heilige Geist jedem Glied am Leib Christi – nach Gottes Gnade – gibt, damit sie innerhalb des Leibes Christi zur Anwendung kommt.

Wenn diese Definition auch sehr knapp ist, sie enthält doch alle wesentlichen Elemente. Einige dieser Elemente, nämlich „besondere Fähigkeit", „die der Heilige Geist gibt" und „jedem Glied am Leib Christi" wurden bereits hinreichend erläutert. Zwei Elemente dieser Definition müssen noch erläutert werden.

„Nach Gottes Gnade“ ist ein Ausdruck, der auf die biblische Sprache verweist. Das gebräuchlichste griechische Wort für das, was wir als geistliche Gabe bezeichnen, heißt „charisma“ (im Plural „charismata“). Es fällt auf, daß unsere zeitgenössischen Begriffe wie „charismatische Bewegung“ oder „Charismatiker“ etwas mit diesem Wort zu tun haben. Aber das Wichtigste an diesem Begriff ist etwas anderes: „Charisma“ ist von dem griechischen Wort „charis“ abgeleitet, und das heißt Gnade. Es gibt also eine sehr enge Beziehung zwischen geistlichen Gaben und der Gnade Gottes.
Im griechischen Urtext fällt auf, daß „charisma“ nicht ausschließlich als Synonym für geistliche Gaben gebraucht wird. Dieses Wort kann auch andere Bedeutungen haben, wie zum Beispiel in Römer 6,23: „Denn der Sünde Sold ist der Tod; die Gabe *(charisma)* Gottes aber ist das ewige Leben in Christus Jesus, unserm Herrn.“
Weiterhin: Neben „charisma“ gibt es auch andere Wörter, die das Neue Testament für Geistesgabe benutzt. Zum Beispiel beginnt 1. Korinther 12,1 mit den Worten: „Über die Gaben des Geistes aber will ich euch, liebe Brüder…“ Hier steht im Griechischen „pneumatikos“, was exakter mit „geistliche Dinge“ übersetzt werden könnte. Im weiteren Verlauf des Kapitels wird „charismata“ fünfmal gebraucht. Ein weiteres griechisches Wort, das für Geistesgaben gebraucht wird, wird in Epheser 4,8 verwandt. Es heißt *„domata“* (im Singular „doma“) und bedeutet ganz allgemein „Gabe“. Aber auch hier kommt im Kontext die enge Beziehung zur Gnade Gottes deutlich zum Ausdruck. So heißt es im vorhergehenden Vers: „Einem jeden aber von uns ist die Gnade *(charis)* gegeben nach dem Maß der Gabe Christi.“
Soviel zum griechischen Urtext. Ich wollte zeigen, wie eng die Beziehung zwischen geistlichen Gaben und der Gnade Gottes ist. Das ist der Grund, warum ich den Ausdruck „nach Gottes Gnade“ in unsere Definition aufgenommen habe.
Es fehlt noch ein Hinweis zu den Worten, mit denen die Definition endet: „innerhalb des Leibes Christi“. Christen,

die losgelöst vom Leib Christi ihr Christsein leben wollen, werden mit ihren Gaben nicht weit kommen. Gaben sind zum Einsatz im Leib Christi, also der Gemeinde, gegeben. Die Betonung der Gemeinde bedeutet aber keinesfalls, daß Gaben nur nach innen gerichtet, nur zur gegenseitigen Erbauung der Christen gedacht sind. Viele Gaben – wie zum Beispiel die Gaben des Evangelisten, des Missionars oder des Dienens –, sollen denen zugute kommen, die noch nicht Glieder am Leib Christi sind. Aber auch in diesen Fällen bleibt der Kontext des Leibes Christi entscheidend: Selbst wenn wir uns mit unseren Gaben außerhalb des Leibes Christi bewegen, stehen wir dort nicht als Einzelpersonen, sondern als Christen, die als Team zusammenarbeiten.

Entdecken, entwickeln und gebrauchen Sie Ihre Gabe!

Wenn der Einsatz der Gaben so wichtig für Gott, die Gemeinde und jeden einzelnen Christen ist, wie ich es klarzumachen versuchte, dann muß das Konsequenzen für unsere praktische Arbeit am Gemeindeaufbau haben. Im Lichte von Gottes Wort glaube ich nicht zu übertreiben, wenn ich behaupte, daß eine der fundamentalen geistlichen Übungen jedes Christen das Entdecken, Entwickeln und Einsetzen seiner geistlichen Gabe sein sollte. Andere geistliche Übungen werden dadurch nicht unwichtig: Gottesdienst, Gebet, Bibelstudium, soziales Engagement und vieles mehr. Aber eine Ausklammerung der Geistesgaben hat verheerende Konsequenzen.

Bevor ich eine Gabe „entwickeln" kann, muß ich sie entdeckt haben. Geistliche Gaben werden empfangen, sie können nicht erworben werden. Gott gibt die Gaben nach seinem Ermessen. 1. Korinther 12,11 spricht davon, daß der Geist jedem das Seine zuteilt, „wie er will". In Vers 18 des gleichen Kapitels sagt Paulus, daß Gott die einzelnen Glieder des Leibes so eingesetzt hat, „wie er gewollt hat". Gott hat keinen Menschen damit beauftragt, geistliche Gaben zu

verteilen. Kein Pastor, kein Bischof, kein Theologieprofessor ist dazu in der Lage, nicht einmal der Papst.
Weiterhin: Kein Christ muß erst einmal kräftig an sich arbeiten, um anschließend mit einer Gabe belohnt zu werden. Geistliche Gaben werden nach Gottes Gnade gegeben, ohne Rücksicht auf die Reife des Glaubens oder die Heiligkeit des Lebens. Die Tatsache, daß neubekehrte Christen mit Geistesgaben beschenkt werden, noch bevor sie überhaupt Gelegenheit hatten, die Reife ihres Glaubens unter Beweis zu stellen, bestätigt diese These.

Der Nutzen geistlicher Gaben

Was geschieht, wenn Sie sich entscheiden, Ihre geistlichen Gaben zu entdecken, zu entwickeln und einzusetzen?

Erstens geben Sie dadurch Gott den Raum, Sie besser für seine Zwecke zu gebrauchen. Menschen, die ihre geistlichen Gaben kennen, haben damit einen guten Ausgangspunkt, ihre „geistliche Aufgabenbeschreibung" zu entwickeln. Sie finden leichter ihren Platz in der Gemeinde. Wer seine geistlichen Gaben kennt, entwickelt meistens auch ein gesundes Selbstbewußtsein. Das heißt nicht, daß er höher von sich denkt, als er sollte. Er weiß einfach, daß er für den Leib Christi wichtig ist, ganz gleich, welche Gaben er hat.
Demut ist eine christliche Tugend, aber wie alle guten Dinge kann auch sie überstrapaziert werden. Manche Christen sind so demütig, daß sie nicht mehr zu gebrauchen sind. Das ist falsche Demut, und sie wird oft noch dadurch gefördert, daß das Prinzip der geistlichen Gaben nicht gelehrt wird. Die Angst mancher Christen, es könnte als Arroganz ausgelegt werden, wenn sie von ihrer geistlichen Gabe reden, zeigt nur, wie wenig sie von der biblischen Gabenlehre verstanden haben. Manche haben ein noch raffinierteres Motiv dafür, daß sie ihre Gabe nicht beim Namen nennen wollen: Sie möchten für den Gebrauch der Gabe nicht zur Rechenschaft gezogen werden. Dann ist ihre „Demut" nichts anderes als ein Deckmantel für Ungehorsam.

Aber die meisten Christen, die ihre Geistesgaben kennen, lassen sich durch solche negativen Einstellungen nicht beirren. Sie lieben Gott, sie lieben ihre Brüder und Schwestern, sie lieben sich selbst, weil sie wissen, wie kostbar Gott sie gemacht hat. Sie sind nicht stolz auf ihre Gaben, sondern sie sind dankbar für sie. Sie wollen mit den anderen Gliedern des Leibes Christi harmonisch und wirksam zusammenarbeiten.

Zweitens profitiert die ganze Gemeinde davon, wenn die einzelnen Christen ihre geistlichen Gaben kennen. Epheser 4 drückt es so aus, daß der gesamte Leib zur Reife gelangt, wenn geistliche Gaben zum Zuge kommen. „Wenn jedes Glied arbeitet, wie es sollte, wächst der ganze Leib" (Eph 4,16). Eine Gemeinde, die zur Reife gelangt, wird sehr wahrscheinlich auch wachsen. In der Bibel gibt es also eine klare Beziehung zwischen Geistesgaben und dem Wachstum der Gemeinde.

Drittens – und das ist der wichtigste Punkt – wird Gott verherrlicht, wenn Christen ihre Gaben für ihn einsetzen. 1. Petrus 10,11 rät den Christen, ihre geistlichen Gaben einzusetzen, und sagt auch, warum: „damit in allen Dingen Gott gepriesen werde durch Jesus Christus. Sein ist die Ehre und Gewalt von Ewigkeit zu Ewigkeit" (1 Petr 4,11). Gibt es etwas Größeres, als zur Verherrlichung Gottes zu leben?

Geistliche Gaben und Haushalterschaft

Christen sollen „Haushalter" ihrer geistlichen Gaben sein (1 Petr 4,10). Im Neuen Testament ist an verschiedenen Stellen von Haushalterschaft die Rede. Nach 1. Korinther 4,2 wird von Haushaltern verlangt, „daß sie sich als treu erweisen". Dieser Vers ist oft falsch interpretiert worden. Manche Christen haben daraus den Schluß gezogen: Gott will keinen Erfolg, sondern nur Treue. Diese Art von Schlußfolgerung muß oft als fromme Entschuldigung für Faulheit,

Inkompetenz, Stümperhaftigkeit oder fehlende Risikobereitschaft herhalten.

Im Gleichnis von den „anvertrauten Pfunden" gibt uns Christus selbst den Schlüssel zum richtigen Verständnis dessen, was er mit Haushalterschaft gemeint hat (Mt 25,14-30): Drei Vermögensverwalter erhielten unterschiedlich hohe Geldbeträge. Sie sollten gewinnbringend damit arbeiten. Zwei von den dreien konnten den ihnen anvertrauten Betrag verdoppeln. Sie werden als „tüchtige und treue" Knechte bezeichnet. Ihre Treue hat also etwas mit ihrem Erfolg zu tun. Der dritte Haushalter war furchtsam und wollte kein Risiko eingehen. Er konnte das Potential nicht erkennen, das in dem lag, was der Herr ihm anvertraut hatte. Deshalb unternahm er erst gar nichts mit dem Geld. Sein Herr nennt ihn einen „bösen und faulen Knecht".

Für jede geistliche Gabe, die Gott uns anvertraut hat, werden wir einmal Rechenschaft ablegen müssen. Was haben wir aus ihr gemacht? Einige werden eine, einige zwei, andere fünf Gaben haben. Die Quantität spielt keine Rolle. Haushalter sind nur für die Gaben verantwortlich, die Gott ihnen anvertraut hat. Aber die Gaben, die wir erhalten haben, *müssen* wir so einsetzen, wie es der Herr von uns erwartet. Jetzt müssen wir damit beginnen, uns auf die Frage vorzubereiten, die uns der Herr einmal stellen wird: „Was hast du mit den dir anvertrauten Gaben getan?" Es ist tragisch, daß viele nicht in der Lage sein werden, auf diese Frage zu antworten. Sie werden nicht „gute und treue Knechte" genannt werden können – jedenfalls nicht in diesem Bereich ihres Lebens. Sie waren im Blick auf ihre Gaben Ignoranten.

Vom Mißbrauch geistlicher Gaben

Gaben können mißbraucht werden. Manche Christen, die sich sehr wohl bewußt sind, welches Potential in geistlichen Gaben liegt, gebrauchen sie, um Macht zu erlangen, zu Reichtum zu kommen oder andere Menschen auszunutzen. Es ist nicht schwer, sich bei jeder geistlichen Gabe auch

Möglichkeiten des Mißbrauchs vorzustellen. Ich möchte nur zwei der häufigsten Mißbräuche nennen, die sich besonders hinderlich auf den Gemeindeaufbau auswirken.

Die erste Gefahr ist Gabenverherrlichung. In manchen Kreisen ist es üblich, bestimmte Gaben über alle anderen zu stellen. Wer eine bestimmte Gabe hat, besitzt damit in diesen Gruppen ein „geistliches Statussymbol". So gibt es Christen erster und zweiter Klasse – je nachdem, welche Gaben die Betreffenden aufzuweisen haben.

Wenn das geschieht, werden Gaben zum Selbstzweck. Sie verherrlichen den Benutzer mehr als den Geber. So entstehen Stolz und Selbstgefälligkeit. Die Korinther waren in diese Falle geraten, und Paulus schreibt die Kapitel 12-14 des ersten Korintherbriefes, um sie wieder auf den richtigen Weg zu bringen. Wir alle müssen diese Warnungen ernst nehmen und uns bemühen, Gabenverherrlichung zu vermeiden.

Als ich mir die Literatur zum Thema Geistesgaben anschaute, begegnete mir das Phänomen der Gabenverherrlichung an Stellen, an denen ich es nicht erwartet hatte. Zum Beispiel bezeichnet ein Autor Prophetie als die wichtigste Gabe. Ein anderer schreibt, Worte der Weisheit seien für die Gemeinde Jesu Christi am entscheidendsten. Wiederum ein anderer stellt die Gabe des Apostels an die Spitze seiner Gabenpyramide. Ich glaube nicht, daß irgendeine Gabe über anderen steht. Es ist richtig, daß manche Gaben unter besonderen Bedingungen und für bestimmte Gemeinden mehr gebraucht werden als andere. In der Situation, in der sich die Korinther befanden, wurde zum Beispiel die Gabe der Prophetie dringender benötigt als die Gabe des Zungenredens. Aus dem, was Paulus den Korinthern in ihrer speziellen Lage schrieb, sollte kein Gesetz für alle anderen Gemeinden gemacht werden.

Die zweite Gefahr ist Gabenprojektion. Die meisten Christen, über deren Leben es Biographien gibt, haben Außergewöhnliches erreicht. Woher hatten sie die Fähigkeit, solche

Leistungen zu vollbringen? Der Grund muß wohl darin liegen, daß Gott ihnen eine Gabe bzw. Gabenkombination in ungewöhnlichem Ausmaß gegeben hat, und sie diese Gaben zur Ehre Gottes und zum Nutzen des Leibes Christi einzusetzen wußten.
Indessen: Nur wenige Biographen sind sich dieser Zusammenhänge bewußt. Sie wählen meistens einen anderen Ansatz, um die ungewöhnlichen Errungenschaften zu erklären. Dieser Ansatz steht im allgemeinen der bereits beschriebenen „Theologie der Hingabe" näher als der „Gaben-Theologie". Mit anderen Worten: Es wird der Eindruck vermittelt, daß diese Leute deshalb zu solch enormen Leistungen fähig waren, weil sie Gott so sehr liebten. Also, lieber Leser, wenn Sie Gott genauso lieben würden, dann wären Sie zu ähnlichen Leistungen fähig. Wenn Sie nicht dazu in der Lage sind, wissen Sie nun, woran es liegt. Irgendetwas in Ihrer Beziehung zu Gott muß verkehrt sein.
Viele Christen, die solche Biographien lesen, sind sehr darum bemüht, ein geheiligtes und hingegebenes Leben zu führen. Deshalb sind es oft gerade sie, die sich am meisten frustriert fühlen, wenn sie von solchen Glaubenshelden lesen. Was die Sache noch schlimmer macht: Wenn die Glaubenshelden selbst keine Ahnung von geistlichen Gaben haben, dann betreiben sie oft das, was ich als Gabenprojektion bezeichnet habe. Sie neigen dazu, in aufrichtiger Bescheidenheit zu sagen: „Seht, ich bin doch nur ein ganz gewöhnlicher Christ, nicht anders als andere. Gott segnet, was ich tue. Wenn du das gleiche tust, wird Gott dich in derselben Weise segnen." Was sie unglücklicherweise nicht sagen, ist folgendes: „Ich kann tun, was ich tue, weil Gott mir dafür eine bestimmte Gabe oder Gabenkombination gegeben hat. Wenn du feststellen solltest, daß Gott dir dieselben Gaben gegeben hat, dann kannst du dich von mir inspirieren lassen. Wenn nicht, dann werden wir uns lieben und uns als unterschiedliche Glieder am Leib Christi gegenseitig achten."
Menschen mit dem Syndrom der Gabenprojektion wollen, daß der ganze Körper eine Hand ist. Sie sind sich nicht

bewußt, wie destruktiv sich solche Gabenprojektion auf weniger begabte Christen auswirkt. Sie handeln so, als hätte derjenige, der im eben erwähnten Gleichnis die ihm anvertrauten Pfunde auf zehn vermehren konnte, zu dem, der nur vier hatte, gesagt: „Wenn du den Meister mehr geliebt hättest, hättest du jetzt auch zehn Pfunde" – ohne dabei zu erwähnen, daß er selbst fünf, der andere dagegen nur zwei Pfunde als Startkapital erhalten hatte.

Wer der Gabenprojektion verfallen ist, übersieht, daß der Grund dafür, daß andere anders sind als er, und daß viele zwei statt fünf Pfunde haben, darin liegt, daß der Heilige Geist selbst „einem jeglichen das Seine zuteilt, wie er will" (1 Kor 12,11). In gewisser Weise stellen diese Leute die Weisheit und Souveränität Gottes in Frage. Sie frönen geradezu einem „Schöpfer-Komplex", indem sie andere Menschen nach ihrem Bild schaffen wollen.

Um ein Beispiel zu nennen: George Muller aus dem englischen Bristol wird in verschiedenen Büchern ein „Apostel des Glaubens" genannt. Mehrere Biographien über ihn berichten, wie er im letzten Jahrhundert selbstlos für Waisenkinder sorgte, und so Gott in außerordentlichem Maß durch ihn wirkte. Ich habe einige dieser Biographien gelesen und muß sagen, daß George Muller ins „Guinness Buch der geistlichen Weltrekorde" aufgenommen worden wäre, wenn es ein solches Buch damals gegeben hätte. Muller hatte verschiedene Gaben, aber eine seiner hervorstechendsten war die Gabe des Glaubens. So weit ich weiß, erkannte er dies aber niemals als geistliche Gabe. An einem entscheidenden Punkt seiner Biographie, als der Leser schon mächtig beeindruckt von seinen geistlichen Höhenflügen ist, sagt Muller: „Laß dir nichts vormachen, wenn Satan dir eingibt, du könntest nicht denselben Glauben haben, weil er nur für Personen wie mich bestimmt sei. ... Ich bete zum Herrn und erwarte eine Antwort; und willst du nicht dasselbe tun, lieber gläubiger Leser?"

Früher las ich gerne Biographien. Doch irgendwann hörte ich plötzlich damit auf und wußte zunächst nicht, warum.

Ich spürte nur, daß ich mich am Ende der Lektüre – so interessant sie auch war – regelmäßig elend fühlte. Ich hatte immer den Eindruck: „Wenn dieser Mensch das kann, dann sollte ich das auch können." Heute glaube ich den Grund zu wissen, warum ich damit aufhörte, Biographien zu lesen. Ich hatte einfach keine Lust, mich dauernd elend zu fühlen. Die Sache mit dem „lieben gläubigen Leser" hatte seine Wirkung nicht verfehlt. Ich war, ohne es zu wissen, Opfer der Gabenprojektion geworden. Und weil ich mich damals immer noch von der „Theologie der Hingabe" statt der „Gaben-Theologie" bestimmen ließ, wußte ich nicht damit umzugehen.

2. Welche Gaben gibt es überhaupt?

Bevor wir weiter auf die Bedeutung geistlicher Gaben für den Gemeindeaufbau eingehen können, müssen wir wissen, welche Gaben es überhaupt gibt – und welche den Gemeinden heute zur Verfügung stehen. Mein Ansatz soll dabei so offen wie möglich sein. Da uns die Bibel, wie wir noch sehen werden, nicht auf eine bestimmte Zahl von Geistesgaben festlegt, scheint mir dieser offene Ansatz legitim. Meine Absicht ist, daß jede Gemeinde, die geistliche Gaben für den Gemeindeaufbau einsetzen will, mit diesem Konzept arbeiten kann.

Im Verlauf des Buches werde ich auf 27 verschiedene Gaben eingehen. Das ist keine magische Zahl. Es gibt wahrscheinlich mehr, vielleicht sind es aber auch weniger. Auf diese unterschiedlichen Auffassungen werde ich noch zu sprechen kommen.

Die einzelnen Gaben werde ich immer an der Stelle besprechen, wo sie unter dem Aspekt einer bestimmten Funktion, die sie für den Gemeindeaufbau erfüllen, betont werden müssen. In diesem Kapitel werde ich zum Beispiel alle 27 Gaben nennen, aber nur auf vier von ihnen näher eingehen. Im nächsten Kapitel beschreibe ich vier weitere Gaben – und so weiter. Das Verzeichnis auf Seite 4 gibt Aufschluß darüber, wo die einzelnen Gaben jeweils ausführlicher behandelt werden.

Die drei wichtigsten Gabenlisten

Die Mehrheit der in der Bibel erwähnten Geistesgaben sind in drei Kapiteln zu finden: Römer 12; 1. Korinther 12; Epheser 4. Darüber hinaus gibt es einige Kapitel, die weitere Gaben nennen. Dazu gehören 1. Korinther 13-14; 1. Petrus 4; 1. Korinther 7 und Epheser 3.

Zunächst wollen wir die Gaben auflisten, die in den drei wichtigsten Gabenlisten des Neuen Testaments erwähnt werden. Die Worte in Klammern bezeichnen verschiedene Übersetzungsmöglichkeiten des gleichen griechischen Wortes.

Römer 12 erwähnt die folgenden Geistesgaben:

1. Prophetie (Weissagung)
2. Dienen (Amt, Diakonie)
3. Lehren (Unterweisung)
4. Seelsorge (Ermahnen, Trösten)
5. Geben
6. Leitung (Regieren)
7. Barmherzigkeit

In 1. Korinther 12 finden wir folgende zusätzlichen Geistesgaben:

8. Weisheit
9. Erkenntnis
10. Glaube (Glaubenskraft)
11. Heilung
12. Wundertaten
13. Unterscheidung der Geister
14. Zungenreden
15. Auslegung des Zungenredens
16. Apostel
17. Helfen
18. Organisation (Verwaltung)

In Epheser 4 werden darüber hinaus folgende Geistesgaben erwähnt:

19. Evangelist
20. Hirtendienst (Pastor)

Kirchliche Ämter und das „Peter-Prinzip"

Beim Lesen der Originaltexte fällt auf, daß der Abschnitt in Epheser 4 von den beiden anderen in einer Hinsicht abweicht. Es ist nicht direkt von Gaben die Rede, sondern es werden bestimmte Ämter erwähnt. Wenn an dieser Stelle von Aposteln, Propheten, Evangelisten, und Hirten-Lehrern die Rede ist (Eph 4,11), dann sind damit Personen gemeint, die solche Ämter in der Gemeinde erhalten haben. Gewöhnlich wurden diese Menschen ordiniert, indem ihnen öffentlich die Hände aufgelegt wurden.
In den verschiedenen christlichen Kirchen gibt es heute sehr unterschiedliche Meinungen, was unter einem „Amt" zu verstehen ist. Indessen: Jede Person, die zu einem Amt berufen oder ordiniert oder beauftragt oder eingesetzt wird, muß durch ihre spezifische Gabenkombination dazu befähigt sein. Ein Apostel sollte die Gabe des Apostels haben, ein Prophet die Gabe der Prophetie – und so weiter.
Genau an dieser Stelle herrscht in unseren Kirchen eine Denkweise vor, die sich hinderlich für den Gemeindeaufbau auswirkt. Menschen dürfen kirchliche Ämter übernehmen, ohne daß danach gefragt wird, ob sie die dazugehörige geistliche Gabe haben oder nicht. Ämter werden oft nach Alter, Einfluß, Persönlichkeit, politischen Erwägungen, Prestige, Rotation oder ähnlichen Kriterien vergeben. Ich fürchte, daß das „Peter-Prinzip" in unseren Kirchen weiter verbreitet ist, als wir uns dessen bewußt sind. Dieses Prinzip wurde zuerst von dem amerikanischen Bestseller-Autor Lawrence Peter beschrieben. Es besagt, daß in einer Hierarchie jeder Angestellte so lange befördert wird, bis er schließlich die Stufe seiner Inkompetenz erreicht hat. Die letzte Beförderung ist also diejenige von einer Stufe der Kompetenz zur Stufe der Inkompetenz. Damit hören die Beförderungen auf. Die meisten Illustrationen, die Peter bringt, stammen aus der Beamten- und Geschäftswelt, aber er hätte dieses Prinzip ebenso leicht durch Beispiele aus der Kirche illustrieren können.

Lawrence Peter beklagt, daß in Regierung und Industrie dieses Prinzip fast unausweichlich ist – und folglich unsere Gesellschaft zur Mittelmäßigkeit verdammt. Aber so sollte es in der Kirche nicht sein. Gott schuf die Kirche nicht zur Mittelmäßigkeit. Er kannte das „Peter-Prinzip", bevor Lawrence Peter überhaupt geboren wurde, und er schuf ein System, diese Gefahr zu vermeiden. Wenn wir kirchliche Ämter auf der Basis von geistlichen Gaben vergeben würden, wäre es ausgeschlossen, dem „Peter-Prinzip" zum Opfer zu fallen. Und: Enormes Potential für den Gemeindeaufbau würde freigesetzt, das jetzt noch durch falsche Stellenbesetzungen blockiert ist.

Die übrigen Geistesgaben

Die drei erwähnten Gabenlisten des Neuen Testamentes nennen uns zwanzig verschiedene Geistesgaben. Dabei fällt auf, daß keine dieser drei Listen vollständig ist. Offensichtlich sollen diese Listen keinen kompletten Katalog der Gaben darstellen, die Gott geben will. Und wenn keine der drei Listen vollständig ist, läßt sich schlußfolgern, daß wahrscheinlich auch die drei Listen zusammengenommen noch nicht vollständig sind.
Die Bibel selbst bestätigt, daß diese Vermutung stimmt. So finden wir im Neuen Testament an anderen Stellen zumindest fünf weitere Gaben. Dazu gehören:

21. Ehelosigkeit (Enthaltsamkeit)
22. Freiwillige Armut
23. Leidensbereitschaft
24. Gastfreundschaft
25. Missionar

Auf die Gabe des Missionars und der freiwilligen Armut möchte ich später eingehen. An dieser Stelle möchte ich mich den anderen drei Gaben näher zuwenden, denn sie können uns wertvolle Einsichten vermitteln, die genau an dieser Stelle hilfreich sind.

* Die Gabe der Ehelosigkeit

Einige erwachsene Christen sind verheiratet, andere unverheiratet. Offensichtlich aber sind mehr Christen verheiratet als unverheiratet, und so hat es Gott auch geplant. Viele alleinstehende Christen (wenn auch nicht alle) sind deshalb nicht verheiratet, weil Gott ihnen die besondere Gabe der Ehelosigkeit gegeben hat. Gott hat sie so geschaffen, daß sie, indem sie alleinstehend bleiben, seinen Willen besser verwirklichen können.

Die Gabe der Ehelosigkeit ist eine besondere Fähigkeit, die Gott einigen Gliedern am Leib Christi gibt, die sie befähigt, alleinstehend zu bleiben und dabei glücklich zu sein, ohne übermäßige sexuelle Versuchungen zu empfinden.

Wenn Sie alleinstehend sind und im Innersten wissen, daß Sie von heute auf morgen heiraten würden, wenn sich dazu eine gute Gelegenheit ergäbe, dann haben Sie höchstwahrscheinlich nicht diese Gabe. Wenn Sie alleinstehend sind und dabei ständig von unerfüllten sexuellen Wünschen geplagt werden, dann haben Sie höchstwahrscheinlich nicht diese Gabe. Wenn aber beides nicht auf Sie zutrifft, dann freuen Sie sich – wahrscheinlich haben Sie eine Ihrer geistlichen Gaben entdeckt!

Paulus spricht in 1. Korinther 7,6-7 über diese Frage. Dort geht er auf seinen eigenen Stand der Ehelosigkeit ein und nennt ihn ein Charisma, eine geistliche Gabe. Menschen, die dieser Begabung entsprechend leben, sind Teil von Gottes Plan für die Welt, und sie sollten als solche geachtet werden.

Um zu heiraten, sexuelle Beziehungen zum Partner zu haben und eine Familie zu gründen, ist keine besondere Gabe notwendig. Gott hat die Menschen mit allen ihren Organen und Leidenschaften geschaffen, so daß die meisten von ihnen – Christen eingeschlossen – heiraten müssen, um glücklich zu sein.

An dieser Stelle wird ein wichtiges Prinzip deutlich, das

auch für andere Geistesgaben gilt: Es gibt immer mehr Glieder am Leib Christi, die eine bestimmte Gabe *nicht* haben, als solche, die sie haben. Es gibt mehr Christen, die die Gabe der Ehelosigkeit *nicht* haben, als solche, die sie haben. Es gibt mehr Christen, die die Gabe des Hirtendienstes *nicht* haben, als solche, die sie haben. Das gleiche gilt für Prophetie und Evangelisation, Lehren und Leitung – und wahrscheinlich sogar für jede Gabe, die wir auf unserer Liste erwähnt haben.
Auch das Gleichnis vom einen Leib mit den vielen verschiedenen Gliedern (Röm 12,4) unterstreicht diesen Gedanken. Wir wissen, daß an unserem eigenen Körper die Mehrzahl der Glieder nicht Hände sind. Es gibt mehr Glieder, die keine Augen oder Nieren oder Finger oder Zähne oder Ellenbogen sind, als solche, die es sind. Gott hat bestimmt, daß wir zwei Augen haben, und dies ist gerade genug, um stellvertretend für alle Glieder die Aufgabe des Sehens wahrzunehmen. Die Bibel sagt deutlich, daß der ganze Leib nicht Auge sein soll, denn wenn das der Fall wäre, könnte der Körper weder hören noch riechen (vgl. 1 Kor 12,17).
Das gleiche gilt für den Leib Christi. Es gibt eine kleine Kirche – „Shaker" genannt –, die den Fehler begangen hat, die Gabe der Ehelosigkeit zu verabsolutieren. Das Ergebnis: Diese Kirche ist mittlerweile nahezu ausgestorben. Indem sie auf Ehelosigkeit bestand, verhinderte sie nicht nur biologisches Wachstum, sondern machte auch Wachstum durch Bekehrungen oder Übertritte sehr unwahrscheinlich. Ihr Lebensstil konnte keine große Anziehungskraft auf andere ausüben, weil Gott nicht sehr viele Menschen so geschaffen hat. Auch die katholische Kirche geht unbiblisch mit der Gabe der Ehelosigkeit um, indem sie von allen Geistlichen verlangt, ledig zu bleiben, ganz gleich, ob diese die Gabe dazu haben oder nicht.
Die Gabe der Ehelosigkeit bringt viele Vorteile mit sich. In 1. Korinther 7 schreibt Paulus, daß Christen mit dieser Gabe dem Herrn besser dienen können als solche, die diese Gabe nicht haben, weil sie sich nicht darum sorgen müssen,

wie sie ihren Ehepartner oder ihre Familie zufriedenstellen können (vgl. 1 Kor 7,32-34). Ich habe diese Tatsache wiederholt bestätigt gefunden. Mir ist dieser Gedanke immer wichtiger geworden, seitdem mich eine persönliche Freundschaft mit John Stott verbindet, der gegenwärtig zu den bedeutendsten Lehrern der Christenheit gehört.

John Stott hat die Gabe der Ehelosigkeit. Bei ihm kann ich immer wieder studieren, welche Vorteile er gegenüber denjenigen hat, die – wie ich – diese Gabe nicht haben. Zum Beispiel habe ich es mir zur Angewohnheit gemacht, häufig zu Hause anzurufen, wenn ich unterwegs bin. Ich spreche dann gewöhnlich mit meinen beiden Töchtern und mit Doris, meiner Frau. Sollte ich zu lange unterwegs sein, macht mich meine Familie in freundlichen, aber bestimmten Worten darauf aufmerksam. Wenn ich zu Hause bin, bemühe ich mich, genügend Zeit für die Familie freizuhalten. Ich esse mit ihnen, arbeite samstags im Garten, wir fahren zusammen ins Grüne, und im Sommer verbringen wir gemeinsam Ferien. Während ich mit all diesen Dingen beschäftigt bin, ist John Stott dabei, ein neues Buch zu schreiben oder eine weitere Konferenz zu planen oder den nächsten Vortrag vorzubereiten oder ein fremdes Land zu bereisen. Kein Wunder, daß ich mit seinen Veröffentlichungen nicht Schritt halten kann! Er hat so viele Bücher geschrieben, daß einige christliche Buchhandlungen ein ganzes Regal mit John-Stott-Literatur bestücken.

Beneide ich John Stott? Nicht im geringsten. Wenn ich es täte, hätte ich nicht begriffen, was die Bibel über geistliche Gaben lehrt. Ich kann Gott gar nicht genug für den Beitrag danken, den John leistet, um Christen aufzubauen und die Weltevangelisation voranzutreiben. Und ich selbst würde meine Frau und meine Familie nicht für hundert Peter-Wagner-Buchregale in christlichen Buchhandlungen eintauschen wollen! Weil ich die Gabe der Ehelosigkeit nicht habe, könnte ich ohne die Unterstützung meiner Frau die Arbeit, zu der mich Gott berufen hat, gar nicht tun.

Die Gefahr der Gabenprojektion, die ich im ersten Kapitel

beschrieben habe, ist bei der Gabe der Ehelosigkeit nicht häufig anzutreffen. Derjenige, der noch am ehesten dazu neigte, war der Apostel Paulus selbst. In 1. Korinther 7 kann er derartig euphorisch über die Vorteile seines Unverheiratetseins schreiben (manche biblische Lehrer glauben, er sei zu dieser Zeit verwitwet gewesen), daß er sagt: „Ich wollte, alle Menschen wären wie ich!" (1 Kor 7,7) Aber dann besinnt er sich – unter der Inspiration des Heiligen Geistes – und fügt schnell hinzu, daß er sehr wohl darum weiß, daß es sich bei ihm um eine besondere geistliche Gabe handelt.
Die Ehelosigkeit ist eine von insgesamt zwei Geistesgaben, die nicht für sich alleine stehen kann. (Die andere ist die Gabe des Missionars, auf die ich später eingehen werde.) Mit anderen Worten: Es liegt kein Vorteil darin, einfach nur unverheiratet zu sein, wenn das alles ist. Die Gabe der Ehelosigkeit sollte vielmehr Menschen dazu befähigen, in der Ausübung der anderen Gaben, die Gott ihnen gegeben hat, effektiver zu werden.

* Die Gabe der Leidensbereitschaft

Während 1. Korinther 13 vor allem durch das „Hohelied der Liebe" bekannt ist, wird oft übersehen, daß in diesem Kapitel auch zwei Listen von Geistesgaben enthalten sind (vgl. 1 Kor 13,1-3.8). Die meisten Gaben sind Wiederholungen aus Kapitel 12, aber zwei – freiwillige Armut und Leidensbereitschaft – tauchen hier zum ersten Mal auf. Die Gabe der Leidensbereitschaft kommt in folgenden Worten zum Ausdruck: „...und wenn ich meinen Leib verbrennen ließe..." (Vers 3).
Was hat es mit dieser Gabe auf sich? Sie umfaßt mehr als die Bereitschaft, für Christus in den Tod zu gehen. Menschen mit dieser Gabe haben gegenüber Leid und Tod eine generelle Haltung, die nur selten anzutreffen ist. Die meisten Menschen sind mit einem starken Selbsterhaltungstrieb ausge-

stattet. Gedanken an Verfolgung, Leiden, Folter und Getötetwerden erfüllen sie mit Furcht. Sie werden diese Dinge akzeptieren, wenn es unausweichlich ist, aber sie tun es nur äußerst ungern und würden jede Anstrengung unternehmen, solche Leiden zu vermeiden.

Die Gabe der Leidensbereitschaft ist eine besondere Fähigkeit, die Gott einigen Gliedern am Leib Christi gibt, die sie befähigt, um des Glaubens willen Leiden und selbst den Tod bejahen zu können, während sie eine freudige und siegreiche Lebenseinstellung behalten, die Gott die Ehre gibt.

Wenn in Todesgefahr noch die Möglichkeit zur Flucht besteht, kann sich ein Christ mit der Gabe der Leidensbereitschaft dazu entschließen, zu leiden und zu sterben. Christen, die andere Gaben haben und empfinden, daß es Gottes Willen ist, diese weiterhin auszüben, werden in einer solchen Situation gewöhnlich fliehen.
Genau eine solche Situation war es, in die vor einiger Zeit ein guter Freund von mir, Festo Kivengere, geriet. Während Idi Amins Terrorherrschaft in Uganda war Festo Kivengere der einflußreiche Bischof einer anglikanischen Diözese. 1977 protestierte er lautstark, als Amin seinen lieben Freund, Erzbischof Janani Luwum, ermorden ließ. Das brachte ihn selbst auf die Liste derjenigen Gegner Idi Amins, die dieser beseitigen wollte. Kivengere und seine Frau kamen zu dem Schluß, daß Gott sie nicht zum Martyrium bestimmt hatte: Sie verließen Uganda und brachten sich in Sicherheit. Heute leben sie in Amerika, und die Gaben der Seelsorge und der Evangelisation, die Gott in überreichlichem Maß an Festo Kivengere gegeben hat, sind auf diese Weise dem Leib Christi erhalten geblieben.
Es liegt noch gar nicht so lange zurück, als mir die Bedeutung der Gabe der Leidensbereitschaft sehr deutlich vor Augen geführt wurde. Vor einigen Jahren waren meine Frau und ich als Missionare in Bolivien tätig. Wir hörten davon, daß fünf Missionare von unserer Missionsstation in den

Urwald aufgebrochen waren, um Kontakte zu den Ayore-Indianern zu knüpfen. Die Missionare wurden nie wieder gesehen.
Man hatte sie vorher gewarnt: „Wenn ihr keine Gewehre mitnehmt, werdet ihr nicht lebend zurückkommen!“ Sie erwiderten, daß sie lieber zur Ehre Gottes sterben wollten als Schußwaffen zu tragen. Dieser Entschluß wurde nicht aus dem Augenblick heraus gefaßt. Als ich mir Aufzeichnungen über die Ayore-Indianer besorgte, um ein Buch über sie zu schreiben, dachte ich zunächst, daß diese fünf Männer an einem „Märtyrerkomplex“ gelitten hätten. Inzwischen weiß ich, daß sie auf wunderbare Weise ihre geistliche Gabe ausübten – die Gabe der Leidensbereitschaft!
Aus den urchristlichen Gemeinden war Stephanus der erste, der den Märtyrertod starb. Es gibt nicht genügend Hinweise, ob er die Gabe der Leidensbereitschaft hatte oder nicht, obgleich die Worte, die er kurz vor seinem Tode ausrief, darauf hinzudeuten scheinen: „Herr, behalte ihnen diese Sünde nicht!“ (Apg 7,60) Aber wir wissen, daß sein Tod den Gemeinden in Judäa, Samaria und selbst in den heidnischen Gebiete von Antiochien enormes Wachstum brachte.
Einer der Mörder der fünf Missionare in Bolivien wurde später Christ und übernahm eine wichtige Aufgabe in der Gemeinde der Ayore-Indianer. Der bekannte Satz: „Das Blut der Märtyrer ist die Saat der Gemeinde“ klärt die Beziehung, die diese geistliche Gabe zum Gemeindeaufbau hat.

* Die Gabe der Gastfreundschaft

Der biblische Beleg für die Gabe der Gastfreundschaft ist etwas unpräzise. In 1. Petrus 4,9 heißt es: „Seid gastfrei untereinander ohne Murren“, und im nächsten Vers ist von geistlichen Gaben die Rede. Es ist möglich, die Nebeneinanderstellung dieser beiden Verse so zu verstehen, daß Vers 10 mit einem „so wie“ an Vers 9 anzuschließen wäre: „Gebrauche die Gastfreundschaft, so wie alle Christen einander mit den geistlichen Gaben dienen, die sie empfangen haben." Vielleicht erscheint Ihnen das als eine Überinterpretation von Gastfreundschaft als Geistesgabe. Ich werde gleich noch darauf eingehen, warum ich Gastfreundschaft für eine Geistesgabe halte, ob nun in der Bibel ausdrücklich davon die Rede ist oder nicht.

Die Gabe der Gastfreundschaft ist eine besondere Fähigkeit, die Gott bestimmten Gliedern am Leib Christi gibt, die sie befähigt, ein offenes Haus zu führen und Menschen, die Unterkunft und Verpflegung benötigen, herzlich aufzunehmen.

Wer diese Gabe hat, ist nicht nur zu solchem Dienst in der Lage, sondern ihm macht das auch ungeheuren Spaß. Obwohl es für diejenigen von uns, die diese Gabe nicht haben, unglaublich erscheint: Menschen mit der Gabe der Gastfreundschaft sind glücklicher, wenn sie Gäste in ihrem Haus haben, als wenn sie allein wären. Dies ist eine übernatürliche Fähigkeit, die nur wenigen gegeben ist. Die meisten Menschen, denen Gott diese Gabe nicht gegeben hat, empfinden es als eine Belastung, Fremde in ihrem Haus zu haben – abgesehen von kurzen und wohlgeplanten Besuchen.
Wenn Gäste eingeladen sind, dann tun Menschen ohne die Gabe der Gastfreundschaft alles dafür, daß die Wohnung aufgeräumt, der Teppich gesaugt, die Möbel entstaubt, Spielzeug und Zeitungen eingesammelt sind. Dann kommen frische Blumen auf dem Tisch, Kerzen werden angezündet, ein besonderes Essen wird vorbereitet, das im richtigen Moment serviert wird. Woher ich das weiß? Nun, genau so ist es, wenn Doris und ich Gäste bei uns zu Hause haben. Um ehrlich zu sein: Wir mögen ein nettes, wohlaufgeräumtes Zuhause und möchten es unseren Gästen so vorführen, wie wir es uns selber wünschen.
Aber Leute mit der Gabe der Gastfreundschaft sehen das anders. Sie sind in der Lage, ihre Gäste auch in einer unaufgeräumten Wohnung willkommen zu heißen und halten sich

nicht lange mit Entschuldigungen auf. Wenn jemand unangemeldet vor der Tür steht, dann ist allein der Mensch, der zu Besuch kommt, wichtig. Und er spürt, daß er von Herzen willkommen ist.

Weil Gastfreundschaft eine so wertvolle Gabe ist, müssen sich Christen, die sie haben, sorgfältig davor hüten, der Gabenprojektion zu verfallen. Ich machte einmal einen Besuch in L'Abri in der Schweiz, wo Francis und Edith Schaeffer ein wunderbares Zentrum für geistliche Erneuerung aufgebaut haben. Dort finden junge Leute, die Probleme haben, ein Zuhause. Die Atmosphäre der Gastfreundschaft strömt aus jedem Winkel dieses Zentrums. Als ich dort eintraf, spürte ich sofort, daß zumindest einer der beiden die Gabe der Gastfreundschaft haben muß.

Später las ich einen Artikel von Edith Schaeffer, in dem sie ihre Einstellung zur Gastfreundschaft beschreibt. Unglücklicherweise brachte der Artikel nicht zum Ausdruck, daß Gott ihr bei dem, was sie in L'Abri tut, in besonderer Weise zur Seite steht. Beim Lesen konnte ich mich des Eindrucks nicht erwehren, daß sie handfeste Gabenprojektion betreibt. Sie schlußfolgert, daß Christen, die nicht die Art von Gastfreundschaft zeigen, wie sie in L'Abri zu erleben ist, nicht wirkliche „Täter des Wortes“ seien. Wenn ich nichts über geistliche Gaben wüßte, hätte mir dieser Artikel ein schlechtes Gewissen gemacht.

Das Wachstum der Gemeinden in neutestamentlicher Zeit wurde stark durch praktizierte Gastfreundschaft gefördert. Gastfreundschaft zu üben war im römischen Reich so etwas wie eine kulturelle Institution. Menschen, die viel reisten – und dazu gehörten die christlichen Missionare –, waren darauf angewiesen, daß es gastfreie Häuser und Familien gab.

Die damaligen Reisebedingungen unterschieden sich von unseren ganz erheblich. Es gab noch kein ausgebautes Hotelwesen. Wenn ich heute unterwegs bin, um Gemeindeaufbau-Seminare zu halten, dann bitte ich um ein Einzelzimmer in einem Hotel, damit ich mich ganz auf den Dienst konzentrieren kann. In einer Familie einquartiert zu sein würde zu viele meiner Energien unnötig verschlingen. Wenn ich jedoch im Ausland unterwegs bin, stellt sich die Sache anders dar. In manchen Kulturen der Dritten Welt ähneln die Bedingungen in gewisser Weise denen der Christen im ersten Jahrhundert, und Gastfreundschaft ist dort von enormer Bedeutung für das Wachstum der Gemeinde. Aber auch bei uns bildet die Gastfreundschaft der christlichen Gemeinden einen immer wichtiger werdenden Gegenpol zur technisierten und anonymen gesellschaftlichen Atmosphäre. Jede Hauskreisarbeit profitiert davon, wenn Christen mit Freude ihre Häuser für andere öffnen.

Sind alle Geistesgaben in der Bibel erwähnt?

Weil keine der drei wichtigsten Gabenlisten des Neuen Testaments vollständig ist und die drei Listen zusammen eben auch nicht, kann vermutet werden, daß eine Liste aller in der Bibel erwähnten Gaben – wir haben 25 gezählt – ebenfalls nicht vollständig ist. Ich möchte mir also die Freiheit nehmen, zwei weitere Gaben hinzuzufügen:

26. Gebet (Fürbitte)
27. Dämonenaustreibung

Das meine ich mit einem „offenen Ansatz" gegenüber Geistesgaben. Ich bezweifle nicht, daß es noch mehr als 27 Gaben gibt. Einige werden auf die Gabe der Musik hinweisen. Andere werden die handwerkliche Gabe hinzugefügt sehen wollen. Neulich begegnete mir eine weitere Gabe, die ich vorher noch nicht kannte. Jerry Falwell, ein bekannter amerikanischer Pastor, ist in vielerlei Hinsicht außergewöhnlich. Eine seiner herausragenden Eigenschaften ist die, daß er die meisten Namen seiner 16.000 Gemeindeglieder weiß. Er selbst sagt: „Das ist eine Gabe Gottes." Ich muß mich dagegen in jedem Semester neu bemühen, mir die Namen meiner Studenten einzuprägen – und manchmal gelingt es mir auch. Aber dann begegne ich doch immer

wieder einem Studenten auf dem Campus, bei dem ich mich frage: „Wie um alles in der Welt ist sein Name?“ Wenn ich davon ausgehen würde, daß Gott mich für diese Vergeßlichkeit verantwortlich macht, würde ich wahrscheinlich durch übermäßigen Streß regelmäßig einen Nervenzusammenbruch erleiden.
Weil Dämonenaustreibung eng mit der Gabe der Unterscheidung der Geister verwandt ist, werde ich in anderem Zusammenhang darauf zu sprechen kommen. An dieser Stelle möchte ich auf die Gabe des Gebets eingehen.

* Die Gabe des Gebets

Ich bin davon überzeugt, daß es die besondere Gabe des Gebets gibt, weil ich sie wiederholt erlebt habe.

Die Gabe des Gebets ist eine besondere Fähigkeit, die Gott einigen Gliedern am Leib Christi gibt, die sie befähigt, über einen längeren Zeitraum hinweg regelmäßig für bestimmte Dinge zu beten und spezifische Gebetserhörungen zu erleben – und das alles in einem viel größeren Ausmaß, als es vom durchschnittlichen Christen erwartet werden kann.

Das Gebet wird nur selten als besondere geistliche Gabe gesehen und identifiziert. Wenn das Gebet aber wirklich so wichtig ist, wie wir alle behaupten, finde ich es verwunderlich, daß die Kirchen nicht Leute anstellen, die sich ganz dem Gebet widmen – wo doch für alle möglichen Dinge Stellen eingerichtet werden. Die Studentenorganisation Campus für Christus glaubt an das Gebet. Sie hat acht Hauptamtliche für den Gebetsdienst, die morgens in der Gebetskapelle des Campus-Hauptquartiers eintreffen, acht Stunden lang beten – und für die das ein normaler Arbeitstag ist.
Wie viele Stunden verbringt ein Mensch, der diese Gabe hat, jeden Tag im Gebet? Vielleicht acht Stunden, vielleicht vier. So viele Stunden pro Tag zu beten, ist für Christen, die hier nicht ihre Gabe haben, kaum möglich. Aber diejenigen, die

sie haben, können sich nichts Schöneres vorstellen. „Es ist Arbeit", sagt Don Carlson, Mitglied des Gebetsteams von Campus für Christus. „Beten Sie mal eine Stunde lang, und Sie werden merken, wie stark Sie geistig und körperlich gefordert werden. Aber ich liebe das!"

Gekoppelte Gaben

Einige Bücher betonen, daß die in Epheser 4,11 genannten Gaben „Hirte" und „Lehrer" eigentlich „Hirte-Lehrer" geschrieben werden müßten. Eine Überprüfung des griechischen Urtextes bestätigt diese Vermutung. Es handelt sich also um eine Koppelung zweier Gaben.
Es ist davon auszugehen, daß dies nicht das einzige Beispiel für so eine Gabenkoppelung ist. Allerdings mag uns die sehr häufig auftretende Kombination von Lehrer und Hirte am besten vertraut sein. Die meisten Theologen gestehen zu, daß „Lehrer" auch für sich allein stehen kann, da diese Gabe in einigen Listen auch ohne den Zusatz „Hirte" vorkommt. Aber dies ist die einzige Stelle, die den Hirtendienst erwähnt, wobei er gleichzeitig mit „Lehrer" verbunden wird. Ob damit schon gesagt ist, daß jeder Hirte auch die Gabe des Lehrens braucht, ist jedoch fraglich.
Wenn wir die einzelnen Gaben im Zusammenhang besprechen, werde ich weitere solcher Gabenkoppelungen nennen: Gebet-Heilung, Zungenreden-Auslegung, Geben-freiwillige Armut, Erkenntnis-Lehren – und so weiter. Hier ging es mir nur darum, daß wir mit dem Konzept der Gabenkoppelung vertraut werden.

Grade und Variationen von Begabungen

Bei fast jeder der genannten Gaben gibt es ein weites Spektrum von Variationen und verschiedenen Graden, in denen die jeweilige Gabe auftritt. Beispiel: Jemand, der die Gabe des Evangelisten hat, mag sie eher in der persönlichen Evangelisation ausüben, ein anderer aber lieber als Redner bei

Evangelisationsveranstaltungen – beides sind mögliche Variationen ein und derselben Gabe. Weiterhin: Ein Evangelist mag Stadien von 50.000 Menschen füllen und durch seinen Dienst 3.000 Bekehrungen pro Woche erleben. Ein anderer, dem die Gabe der Evangelisation in einem geringeren Maße gegeben wurde, ist vorwiegend in Gemeinden tätig, wo 500 Menschen zu einer Veranstaltung kommen, und 30 Bekehrungen pro Woche erleben. Beide praktizieren ihre Gabe wahrscheinlich in gleicher Treue – nur im Grad ihrer Begabung unterscheiden sie sich voneinander.
Solche Unterschiede werden – wie die Gaben selbst – nach Gottes Weisheit ausgeteilt. Wenn jeder seine Gaben an der richtigen Stelle einsetzt, gibt es deshalb auch keinen Grund zu Neid und Eifersucht unter Christen, die dieselbe Gabe in unterschiedlichem Ausmaß bekommen haben. Meine linke Hand ist nicht neidisch auf die rechte, nur weil sie nicht die gleiche Geschicklichkeit hat. Vielmehr arbeiten beide Hände zum Wohl des ganzen Körpers zusammen. Gott hat mir zum Beispiel die Gabe des Schreibens gegeben. Aber ich bin realistisch genug zu wissen, daß viele andere wie David Hubbard, Martin Marty, Betty Elliot und John Stott, um nur einige zu nennen, diese Gabe in weit größerem Umfang besitzen, daß ich es nicht wert bin, die Farbbänder ihrer Schreibmaschinen zu wechseln. Ich danke Gott für diese Menschen und ihre großartigen Beiträge für den gesamten Leib Christi. Und ich füge meinen kleinen Beitrag gerne hinzu.

Auch Gemeinden haben Gabenkombinationen

Manche Gemeinden gehen davon aus, daß „Zeichengaben" (wie zum Beispiel Prophetie, Heilung, Zungenreden) mit dem Zeitalter der Apostel aufgehört haben. Andere Gemeinden rechnen ganz bewußt mit diesen Gaben und versuchen, sie in ihren gemeindlichen Dienst zu integrieren. Kein anderer Aspekt aus der Lehre über Geistesgaben hat so viel Uneinigkeit, Verdächtigungen und Spaltungen ausgelöst

wie diese Frage. Bei Begegnungen zwischen Evangelikalen und Charismatikern steht sie immer wieder im Brennpunkt.
Ich bin davon beeindruckt, daß es hervorragende geistliche Leiter auf beiden Seiten dieser Auseinandersetzung gibt. Zwei meiner Lieblingsgemeinden liegen nur wenige Autominuten auseinander. An einem Sonntagmorgen war ich in einer von ihnen, der „Grace Community Church", als ihr Pfarrer John MacArthur gerade eine Predigtreihe begann, die er überschrieb: „Was ist falsch an der charismatischen Bewegung?" An einem anderen Sonntag saß ich in der „Church on the Way" und hörte, wie Pfarrer Jack Hayford eine Botschaft in Zungen gab und sie gleich im Anschluß auslegte. Beide Gemeinden erleben ein erstaunliches Wachstum. Die eine hat sonntags 5.000 Besucher, die andere 3.000. Die Mitglieder beider Gemeinden lieben Jesus Christus von ganzem Herzen, möchten ihm dienen und erleben Wachstum im Glauben. Beide Gemeinden glauben an Geistesgaben. Doch darin, welche Gaben heute gebraucht werden sollten, vertreten sie unterschiedliche Auffassungen.
Meine Untersuchungen in wachsenden Gemeinden haben mich zu der Überzeugung gebracht, daß die Frage, welche Gaben heute gebraucht werden und welche nicht, für den Gemeindeaufbau nicht zentral ist. Viel wichtiger ist die grundlegende Erkenntnis, daß der Heilige Geist in unseren Gemeinden dadurch zum Zuge kommen will, daß wir unsere Gaben entdecken, entwickeln und einsetzen.
Wie lassen sich dann die Unterschiede erklären? Meine Vermutung ist die: Genauso wie Gott verschiedenen Christen unterschiedliche Gabenkombinationen gegeben hat, so hat er auch verschiedene Gemeinden mit unterschiedlichen Gabenkombinationen ausgestattet. Solche Unterschiede können Ausdruck der wunderbaren Vielfalt sein, die Gott selbst in den universalen Leib Christi hineingelegt hat. Weil Menschen so verschieden sind, müssen Gemeinden auch verschieden sein, um Ungläubige für Christus zu gewinnen

und sie in die Gemeinde zu integrieren. Ich würde niemals den Vorschlag machen, die Richtlinien der „Grace Community Church“ oder der „Church on the Way“ zu ändern. Gott liebt beide Gemeinden, und sein Segen ist überdeutlich.

Was ist zu den Gemeinden zu sagen, die die Zeichengaben ablehnen? Ich habe bereits angedeutet, daß meine eigene Auffassung weniger eng ist, deshalb gehöre ich auch einer Gemeinde an, die an dieser Stelle mehr Spielraum läßt. Aber für mich stehen Gemeindeaufbau-Prinzipien über persönlichen Vorlieben und Frömmigkeitsstilen – deshalb versuche ich erst gar nicht, anderen meine persönlichen Ansichten aufzuzwingen.

3. Was Geistesgaben nicht sind – vier Kriterien

Wenn es um Geistesgaben geht, kommen immer wieder Mißverständnisse auf. Nach meiner Erfahrung sind es vier Gebiete, auf denen solche Verwirrung herrscht: Geistliche Gaben werden oft verwechselt mit natürlichen Begabungen, mit Frucht des Geistes, mit christlichen Universalrollen und schließlich mit gefälschten Gaben. Wir wollen uns diese Verwechslungen nacheinander anschauen.

Verwechseln Sie Geistesgaben nicht mit natürlichen Begabungen

Jeder Mensch hat, allein schon deshalb, weil er nach dem Bilde Gottes geschaffen wurde, bestimmte natürliche Begabungen. Wie bei Geistesgaben, so gibt es auch bei natürlichen Begabungen unterschiedliche Variationen und Grade der Begabung. Solche Begabungen gehören zu den Persönlichkeitsmerkmalen eines Menschen, und sie machen in gewissem Sinne seine Identität aus.
Wo kommen diese natürlichen Begabungen her? Letztlich selbstverständlich von Gott, und in diesem Sinne könnte man sie als Gaben verstehen. Natürliche Begabungen haben aber nichts damit zu tun, ob wir Christen sind oder nicht. Viele Atheisten sind zum Beispiel in bestimmten Bereichen überaus begabt. Sie haben natürliche Begabungen – aber sie haben keine geistlichen Gaben!
Auch Christen haben natürliche Begabungen. Aber sie sollten nicht mit geistlichen Gaben verwechselt werden. Es ist nicht ganz exakt, wenn ein Christ sagt, es sei seine „Gabe“, Autos zu reparieren, zu kochen, Witze zu erzählen, zu fotografieren oder Basketball zu spielen.
Es hat zu vielen Mißverständnissen geführt, daß das biblische Wort „charisma“ mittlerweile eine säkulare Bedeutung

gewonnen hat, die mit der biblischen nichts mehr zu tun hat. Ich habe von Sprachwissenschaftlern gelernt, daß dieses Wort in der griechischen Literatur fast ausschließlich vom Apostel Paulus benutzt wurde. Die zwei einzigen Ausnahmen finden sich in 1. Petrus 4,10 und an einer Stelle bei Philo, einem griechischen Autor. Vor etwa 100 Jahren begann jedoch der Soziologe Max Weber damit, das Wort im Sinne einer bestimmten Art von Leitung zu gebrauchen, so daß seitdem von „charismatischen Führern“ die Rede ist. In diesem Sinne wird das Wort nun für Menschen wie Anwar el Sadat, Henry Kissinger oder Fidel Castro gebraucht, um nur einige international bekannte Persönlichkeiten zu nennen. Aber keiner dieser drei Gestalten ist, soweit ich weiß, Glied am Leib Christi, und folglich hat keiner von ihnen eine geistliche Gabe.

Nur Christen haben geistliche Gaben. Geistliche Gaben sollten nicht als natürliche Begabungen verstanden werden, die ein Christ Gott weiht. Zwar gibt es zwischen beiden eine enge Beziehung, weil in einigen Fällen (aber nicht in allen) Gott die natürlichen Begabungen eines Ungläubigen in geistliche Gaben umwandelt, wenn dieser Mensch Glied am Leib Christi wird. Aber selbst in diesem Fall ist eine geistliche Gabe mehr als eine aufpolierte natürliche Begabung.

Eines der interessantesten Beispiele, das diese These unterstreicht, ist die Geschichte meines Freundes und Kollegen John Wimber. Bevor John Christ wurde, hatte er zwei außerordentliche natürliche Begabungen. Erstens war er ein erfolgreicher Musiker. Er spielte alle möglichen Instrumente, schrieb Lieder, arrangierte die Musik, leitete Bands und studierte Musiktheorie auf einem beachtlichen Niveau. Zweitens war er ein guter Geschäftsmann. Er verstand es hervorragend, Musik zu vermarkten. Er besaß Musikläden, war Manager verschiedener Bands, produzierte Schallplatten und verdiente mit all dem so viel Geld, daß es ihm vielleicht peinlich wäre, wenn ich die Summe hier veröffentlichen würde.

Als John Wimber durch ein dramatisches Bekehrungserlebnis, das mich in vielerlei Hinsicht an die Bekehrung des Paulus erinnert, Christ wurde, tat Gott mit seinen natürlichen Begabungen etwas sehr Interessantes. Johns musikalische Begabung wurde offensichtlich niemals in eine geistliche Gabe umgewandelt. Die Begabung blieb, er weihte sie Gott, schrieb einige Lieder und sang auch gelegentlich zur Ehre Gottes. Aber mehr nicht. Gott hatte mit ihm etwas anderes vor.

Als John Wimber Glied am Leib Christi wurde, nahm Gott seine natürliche Begabung als Geschäftsmann und verwandelte sie in die geistliche Gabe des Evangelisten. Ergebnis: Mehr als 2.000 Menschen betrachteten schon kurze Zeit nach seiner Bekehrung John Wimber als ihren geistlichen Vater. Gott gab ihm die Gabe des Evangelisten in einem besonders hohen Grad. Darauf beruht sein außergewöhnliches Gespür für den richtigen Zeitpunkt, wann ein Ungläubiger sein Leben Jesus Christus übergeben sollte. Er selbst sagt, daß er sich in solchen Situationen wie eine geistliche Hebamme fühlt. Wenn eine Woche vergeht, in der John Wimber nicht einige Menschen zu Christus geführt hat, wird er unruhig und hat den Eindruck, daß irgendetwas nicht stimmt.

Verwechseln Sie Geistesgaben nicht mit der Frucht des Geistes

Was mit der Frucht des Geistes gemeint ist, wird in Galater 5,22 beschrieben. Dort werden Liebe, Freude, Friede, Geduld, Freundlichkeit, Güte, Treue, Sanftmut und Selbstbeherrschung genannt. Manche Bibelausleger betonen, daß Frucht hier im Singular steht und daß die Satzkonstruktion im Griechischen einen Doppelpunkt nach dem Wort „Liebe“ zuläßt. Das würde bedeuten, daß mit Frucht in erster Linie die Liebe gemeint ist – während die anderen Begriffe Teil der einen Frucht sind.

Es ist unzutreffend, von der „Gabe“ der Liebe zu sprechen,

wenn damit gemeint ist, daß Liebe die 28. Gabe auf unserer Gabenliste sein soll. Im weiten Sinne ist die Liebe natürlich eine Gabe Gottes und muß als solche betrachtet werden: „Laßt uns ihn (Gott) lieben, denn er hat uns zuerst geliebt" (1 Joh 4,19). Aber Liebe ist kein „charisma" in dem Sinne, daß Gott diese Gabe einigen Christen gibt und anderen nicht.

Die Frucht des Geistes ist das normale Ergebnis eines gesunden geistlichen Wachstumsprozesses. Weil alle Christen die Verantwortung haben, daß ihr Glaube wächst, stehen alle vor der Aufgabe, die Frucht des Geistes in ihrem Leben immer sichtbarer werden zu lassen. Anders als bei den Gaben kann die Frucht des Geistes nicht entdeckt werden, sondern sie reift durch den Umgang des Gläubigen mit Gott und durch sein Erfülltsein mit dem Heiligen Geist. Während die Gaben des Geistes bestimmen, was ein Christ *tut,* hilft die Frucht des Geistes zu bestimmen, was ein Christ *ist.*

Die Frucht des Geistes ist Voraussetzung für einen effektiven Einsatz geistlicher Gaben. Gaben ohne Frucht sind wertlos. Das führt Paulus den Christen aus Korinth unmißverständlich vor Augen. Nach 1. Korinther 1,7 hatten die Christen in Korinth eine ideale Gabenkombination. Sie waren voll damit beschäftigt, ihre Gaben zu entdecken, zu entwickeln und einzusetzen. Sie waren so charismatisch, wie eine Gemeinde nur sein kann. Trotzdem war ihre Gemeinde geistlich gesehen eine Katastrophe.

Ihr Hauptproblem waren nicht die Gaben, sondern die Frucht. Deshalb schrieb Paulus 1. Korinther 13. Dort läßt er sich ausführlich über die Liebe aus – die Frucht des Geistes. Er sagt ihnen, daß sie die Gabe des Zungenredens, die Gabe der Prophetie, die Gabe der Erkenntnis, die Gabe des Glaubens, die Gabe der freiwilligen Armut, die Gabe der Leidensbereitschaft und jede andere Gabe haben können, aber ohne Liebe ist all dies nichts wert (vgl. 1 Kor 13,1-3). Gaben ohne Frucht sind wie Autoreifen ohne Luft – die Bestandteile sind alle da, aber sie sind nutzlos.

Weiterhin: Gaben sind nur vorübergehend, während Frucht

ewig ist. Im selben Kapitel hören wir, daß Gaben wie Prophetie, Zungenreden und Erkenntnis aufhören werden. Aber Glaube, Hoffnung und Liebe werden bleiben. Es ist interessant, daß im Neuen Testament jeder entscheidende Abschnitt über Gaben von Aussagen über die Frucht begleitet werden. 1. Korinther 13 ist nur das bekannteste Beispiel dafür.

Verwechseln Sie Geistesgaben nicht mit christlichen Universalrollen

Wenn Sie die Liste der 27 geistlichen Gaben überfliegen, wird Ihnen auffallen, daß viele von ihnen Aktivitäten beschreiben, die von jedem Christen erwartet werden können. Hier ist es hilfreich, zwischen geistlichen Gaben und christlichen Universalrollen zu unterscheiden. Solche Universalrollen unterschieden sich ein wenig von der Frucht des Geistes, indem sie mehr das Handeln als das Sein meinen. Aber sie sind insofern der Frucht des Geistes ähnlich, als ihre Ausführung von jedem Christen erwartet werden kann.

Die geistliche Gabe des Glaubens ist am offensichtlichsten zugleich eine christliche Universalrolle. Allein der Entschluß, Christ zu werden und damit Glied am Leib Christi, erfordert Glauben. Und dieser Glaube ist nach dem Zeugnis der Bibel eine Gabe Gottes (vgl. Eph 2,8-9). Dann wird uns gesagt, daß Glaube Teil der Frucht des Geistes ist (vgl. Gal 5,22), und daß es ohne Glaube unmöglich ist, Gott zu gefallen (Heb 11,6). Mit anderen Worten: Der Lebensstil eines jeden Christen muß fortwährend vom Glauben bestimmt sein. Doch darüber hinaus gibt es die ganz spezielle Gabe des Glaubens, die Gott nur wenigen Gliedern am Leib Christi gegeben hat. Davon wird noch ausführlicher die Rede sein. Diese Gabe des Glaubens ist viel mehr als die Frucht des Geistes und die Universalrolle des Glaubens, die wir bei jedem Christen finden können.

Als ich im letzten Kapitel von der Gabe der Gastfreundschaft sprach, erwähnte ich bereits, daß weder Doris noch

ich diese Gabe haben. Dennoch haben wir, wie jeder Christ, die Verantwortung (Universalrolle), Gäste zu bewirten, und wir tun das auch immer wieder. Gäste zum Essen einzuladen, gelegentlich einen Übernachtungsgast zu haben, einem Besucher die Gegend zu zeigen, Gemeindegruppen zu bewirten, den Wagen zu verleihen, darauf zu achten, daß neue Menschen sich in unserer Mitte wohlfühlen – all das ist Teil unserer christlichen Universalrolle. Nichts von all dem fällt uns leicht, und wir haben nie den Eindruck, daß wir an dieser Stelle genug tun. Aber wir bemühen uns.
Auch das Gebet ist die Verantwortung eines jeden Christen. Es ist also ein weiteres Beispiel für eine christliche Universalrolle. Kein Mensch braucht die geistliche Gabe des Gebets, um mit Gott zu sprechen. Ebenso haben einige die geistliche Gabe des Dienens, aber alle Christen sollten einander dienen (vgl. Gal 5,13). Einige haben die Gabe der Seelsorge, aber alle haben den Auftrag, einander zu trösten (vgl. Heb 10,25). Einige haben die Gabe des Evangelisten, aber von allen wird erwartet, daß sie ihre Universalrolle als Zeugen ihres Herrn ausüben (vgl. Apg 1,8).
Christen müssen bereit sein, jede Universalrolle auszuüben, wenn die Situation es erfordert. Bei einem Unfall helfen Sie dem Opfer so gut sie können – bis der Arzt kommt. Wenn ein Feuer entsteht, tun Sie alles, um es selbst zu löschen – bis die Feuerwehr kommt. Viele Christen werden in ihrem geistlichen Leben davor bewahrt, allzu oft solche Rollen ausfüllen zu müssen, aber von einigen wird ein solcher „Noteinsatz" häufiger gefordert.

* Die Gabe des Gebens

Die Art und Weise, wie geistliche Gaben und christliche Universalrollen sich zueinander verhalten, läßt sich gut am Beispiel der Gabe des Gebens illustrieren.
Die Bibel läßt keinen Zweifel darüber, daß jeder Christ einen bestimmten Teil seines Einkommens „mit Freude" für Gottes Ziele geben sollte (vgl. 2 Kor 9,7). Dies ist Teil

unserer christlichen Universalrolle, und an dieser Stelle gibt es keine Ausnahmen. Reiche Christen sollten ebenso geben wie arme Christen. Jung Verheiratete mit niedrigem Einkommen und hohen Ausgaben sollten ebenso geben wie ältere Menschen, die finanziell abgesichert sind. Neubekehrten Christen sollte gelehrt werden, zu geben, sobald sie im Glauben zu wachsen beginnen. Ich persönlich glaube, daß eine „Selbstbesteuerung" dem christlichen Lebensstil in unserer Wohlstandsgesellschaft am ehesten entspricht – je mehr jemand verdient, desto höher sollte auch der Prozentsatz dessen sein, was er gibt. Ronald Sider hat das in seinem Buch „Der Weg durchs Nadelöhr" betont, und ich stimme ihm zu.

Wieviel sollten Christen genau geben? Wie ich die Schrift verstehe, sind zehn Prozent des Einkommens das Minimum, um unsere christliche Universalrolle des Gebens auszuüben. Ich bin normalerweise nicht gesetzlich in meinen Anschauungen, was ein Christ tun sollte, aber ich glaube, daß jeder, der weniger als zehn Prozent gibt, geistlichen Betrug begeht. Einige betrügen regelmäßig das Finanzamt, ohne erwischt zu werden. Gott aber kann keiner betrügen.

Jeder, der die Gabe des Gebens nicht hat, stellt immer wieder die Frage: „Wieviel kann ich Gott geben?" Christen, die diese Gabe haben, fragen nicht so. Ihre Frage lautet anders. Ich erfuhr sie von dem verstorbenen Industriellen R.G. LeTourneau, der die Gabe des Gebens hatte. Er sagte: „Die Frage ist nicht, wie viel meines Geldes ich Gott gebe, sondern wie viel von Gottes Geld ich für mich behalte." Er beantwortete diese Frage für sein Leben, indem er 90 Prozent der Gewinne seiner Firma in eine christliche Stiftung gab, und dann gaben er und seine Frau weitere 90 Prozent ihres persönlichen Gehaltes.

Die Gabe des Gebens ist eine besondere Fähigkeit, die Gott einigen Gliedern am Leib Christi gibt, die sie befähigt, materielle Dinge für Gottes Reich fröhlich und großzügig weiterzugeben.

* Die Gabe der freiwilligen Armut

In 1. Korinther 13,3 sagt Paulus: „Und wenn ich alle meine Habe den Armen gäbe...". Jahrelang habe ich angenommen, daß hier mit anderen Worten die Gabe des Gebens beschrieben sei. Heute gehe ich davon aus, daß es sich um zwei verschiedene – wenn auch eng verwandte – Gaben handelt. Es ist anzunehmen, daß jeder, der die Gabe der freiwilligen Armut hat, auch die Gabe des Gebens hat. Aber nicht jeder, der die Gabe des Gebens hat, hat auch die Gabe der freiwilligen Armut.

Die Gabe der freiwilligen Armut ist eine besondere Fähigkeit, die Gott einigen Gliedern am Leib Christi gibt, die sie befähigt, auf materiellen Wohlstand und jeden Luxus zu verzichten, um einen Lebensstil anzunehmen, der dem der Armen in der jeweiligen Gesellschaft entspricht.

Das Adjektiv „freiwillig" ist bei dieser Definition das Schlüsselwort, um diejenigen, die diese Gabe praktizieren, von denen zu unterscheiden, die durch unkontrollierbare soziale Umstände in Armut gestürzt werden.
John Wesley zum Beispiel hatte die gekoppelten Gaben des Gebens und der freiwilligen Armut. Als er starb, hinterließ er seinen abgetragenen Gehrock und zwei silberne Teelöffel! Aber zu Lebzeiten hatte er einige Hunderttausend Mark für Gottes Zwecke gegeben.
John Wesleys Engagement ist von dem eines R.G. LeTourneau zu unterscheiden. LeTourneau übte die Gabe des Gebens ohne die der freiwilligen Armut aus. Stanley Tam, ein anderer Christ, der als außerordentlich großzügiger Geber bekannt ist, gesteht freimütig: „Ich liebe gutes Essen, ein behagliches Haus, modische Kleidung und einen ordentlichen Wagen." Es ist nicht unwahrscheinlich, daß Gott Stanley Tam dazu berufen hat, reich anstatt arm zu sein, damit er seine Gabe des Gebens besser praktizieren kann. Tam sagt: „Ich bin unersättlich, wenn es darum geht, mehr Geld zu

verdienen. Ich liebe es. Ich will miterleben, wie meine Umsätze steigen, wie der Betrieb wächst. Ich studiere alle Jahres- und Zwischenbilanzen wie ein hungriger Falke, werte sie aus, überprüfe sie, entdecke neue Chancen.“

Eine solche Einstellung ist so ziemlich das genaue Gegenteil dessen, was eine andere Gruppe amerikanischer Christen praktiziert, die sich „Sojourners“ (Pilgrime) nennen. Sie üben ihre Gabe der freiwilligen Armut aus, indem sie in einer Wohngemeinschaft im Armenviertel von Washington D.C. einen einfachen Lebensstil praktizieren. Indem sie ihrer Gabe entsprechend leben, tun sie eine außerordentlich gesegnete Arbeit für die Armen und Unterdrückten in Washingtons Ghetto. Leider sind die ausgezeichneten Berichte aus ihrer Arbeit, die in der Zeitschrift „Sojourners“ erscheinen, nicht ganz frei von Gabenprojektion. Sie verbringen eine Menge Zeit damit, biblische Gründe zu finden, warum ihre Art eines radikalen Lebensstils Gott mehr gefällt als der Lebensstil anderer Christen, die andere geistliche Gaben praktizieren, aber auf einem höheren wirtschaftlichen Niveau leben. Solche Menschen werden von ihnen mit dem „Establishment“ identifiziert, das für alle möglichen sozialen und wirtschaftlichen Mißstände verantwortlich gemacht wird.

Vielleicht ist ihre Kritik deshalb so scharf, weil unter ihnen eine andere Gabe präsent ist: die Gabe der Prophetie. Artikel in ihrem Magazin „Sojourners“ haben meist einen pessimistischen Einschlag, was an Jeremia oder andere alttestamentliche Propheten erinnert. Durch ihre spezielle Gabenkombination bedingt, würden sich diese radikalen Evangelikalen wahrscheinlich niemals in dem abgeschirmten Landbesitz eines Billy Graham auf dem Black Mountain in North Carolina wohlfühlen. Umgekehrt würde sich Billy Graham wahrscheinlich recht unwohl fühlen, wenn er im Armenghetto von Washington leben müßte.

Auch hier gilt: „Das Auge kann nicht zur Hand sagen: Ich brauche dich nicht“ (1 Kor 12,21). Kein Glied am Leib Christi sollte mit seiner Gabenkombination über Christen

mit anderen Gabenkombinationen richten. Vielleicht jedoch können das Menschen mit einer bestimmten Variante der Gabe der Prophetie nur schwer vermeiden – und verdienen in dieser Hinsicht Verständnis von denen, die zum sogenannten „Establishment“ gehören.
Gezielt eingesetzte Gelder können ein enormer Antrieb für den Gemeindeaufbau sein. Der Aufbau der christlichen Gemeinde bei uns im Westen wie unter den unerreichten Völkern der Erde wird durch den Mangel an verfügbaren Finanzen verzögert. Es wird geschätzt, daß es etwa 40 Millionen Evangelikale in den USA gibt. Durchschnittlich gibt jeder Evangelikale ganze 36 Cents pro Woche für die Mission. Ich hoffe, daß durch das wachsende Interesse an geistlichen Gaben Tausende von Christen entdecken werden, daß Gott ihnen die Gabe des Gebens geschenkt hat, und Millionen, die bisher ihre christliche Universalrolle des Gebens noch nicht praktiziert haben, damit beginnen werden, zumindest ihr Geld zu verzehnten. Die Ressourcen, die damit für die Verbreitung des Evangeliums und für die Unterstützung der Leidenden und Unterdrückten frei würden, wären unglaublich. Ich bin davon überzeugt, daß Gott über eine solche Entwicklung sehr glücklich wäre.

Verwechseln Sie Geistesgaben nicht mit gefälschten Gaben

Ich wünschte, ich brauchte diesen Abschnitt über gefälschte Gaben nicht zu schreiben. Ich wünschte, es wäre nicht wahr, daß Satan, seine Dämonen und bösen Geister Realitäten sind, die im Kampf gegen das Werk des Herrn stehen. Jesus selbst warnte: „Denn mancher falsche Christus und falsche Propheten werden auftreten und große Zeichen und Wunder tun, so daß, wenn es möglich wäre, auch die Auserwählten verführt würden“ (Mt 24,24). Jesus erwähnt auch die, die prophezeien und in seinem Namen Dämonen austreiben, die aber in Wirklichkeit Werkzeuge des Bösen sind (Mt 7,22-23).

Meine Frau und ich sind glücklich, daß uns in unserem bisherigen christlichen Dienst, wovon wir 16 Jahre auf dem Missionsfeld verbrachten, der Herr verschont hat, in die direkte Konfrontation mit Dämonie, Zauberei und Okkultismus zu kommen. Aber viele Freunde, die auf dem Missionsfeld arbeiten, berichten uns immer wieder von ihrem Kampf gegen diese finsteren Mächte.

Ich zweifle nicht daran, daß Satan jede Gabe auf unserer Gabenliste nachzuahmen versteht. Er ist ein übernatürliches Wesen mit übernatürlichen Kräften. Seine Macht zeigte sich auf spektakuläre Weise in Ägypten, als die Zauberer des Pharao praktisch alle Wunder imitieren konnten, die Gott durch Mose tat (vgl. 2 Mose 7-8). Natürlich ist Satans Macht begrenzt; sie wird von Gott selbst unter Kontrolle gehalten. Wenn wir jedoch ausrutschen, indem wir bestimmten Versuchungen nachgeben, begeben wir uns in größte Gefahr.

Christen, die vor ihrer Bekehrung im okkulten Bereich tätig waren, verstehen es am besten, die Imitationsbemühungen des Feindes zu schildern. Dabei wird immer wieder deutlich, daß Satan auf die subtilste Art und Weise die Gaben des Geistes nachahmt und zu zerstören sucht. Solche Leute erzählten mir, wie die Gaben des Glaubens, der Heilung, der Wundertaten, des Zungenredens und der Auslegung des Zungenredens von Satan nachgeahmt werden können. Die Nachahmung der Gabe der Geisterunterscheidung tritt in Form von Hellseherei auf, und sogar die Austreibung von Dämonen versteht der Teufel vortrefflich zu imitieren. Prophezeiungen, die aus diesen finsteren Quellen stammen, treffen oftmals ein. Für manche ist das schon ein Beweis, daß diese Prophezeiungen von Gott stammen müssen – ein gefährlicher Irrtum! In Wirklichkeit war hier der Teufel am Werk. Aber seine Taten sind nicht weniger real.

Wir müssen uns daran erinnern, daß Gott von all diesen Phänomenen weiß und seinen Kindern die Macht gab, sich davor zu schützen. An dieser Stelle ist es sinnvoll, einen Blick auf zwei geistliche Gaben zu werfen, die als „Waffen“

gegenüber der Welt des Bösen von großem Wert sind: Unterscheidung der Geister und Dämonenaustreibung.

* Die Gabe der Unterscheidung der Geister

Das Neue Testament lehrt, daß jeder Christ in der Lage sein sollte, Gutes und Böses, Richtiges und Falsches voneinander zu unterscheiden. Hebräer 5,14 spricht von Christen, „die geübte Sinne haben, um Gutes vom Bösen zu unterscheiden". Die Christen in Beröa wurden gelobt, weil sie gründlich die Lehre der Apostel anhand der Schriften prüften (vgl. Apg 17,11). Wir sollen dies auch tun: „Glaubet nicht einem jeglichen Geist, sondern prüfet die Geister, ob sie von Gott sind" (1 Joh 4,1).
Diese und andere Abschnitte beschreiben die christliche Universalrolle der Geisterunterscheidung. Darüber hinaus gibt es aber die geistliche Gabe der Unterscheidung der Geister, die nur wenigen gegeben ist. Diese Gabe wird nur selten praktiziert, weil ihre Ausübung viel Mut erfordert. Aber es ist tröstlich zu wissen, daß Gott die Christen gegen die Attacken Satans nicht schutzlos gelassen hat.

Die Gabe der Unterscheidung der Geister ist eine besondere Fähigkeit, die Gott einigen Gliedern am Leib Christi gibt, die sie befähigt, mit Sicherheit zu wissen, ob ein angeblich von Gott gewirktes Verhalten in Wahrheit göttlich, menschlich oder satanisch ist.

Der Apostel Petrus hatte offensichtlich diese Gabe. Er gebrauchte sie auf geradezu dramatische Weise, als er erkannte, daß Satan Ananias inspiriert hatte, die Unwahrheit über seinen Grundstücksverkauf zu sagen: Ananias fiel kurz darauf tot zu Boden. Das gleiche wiederholte sich mit Ananias' Frau Saphira (vgl. Apg 5, 1-10). Später gebraucht Petrus diese Gabe erneut, um die Beweggründe im Herzen Simons des Zauberers zu sehen. Er hatte die feste Gewißheit von Gott, daß Simon „voll bitterer Galle und verstrickt in Ungerechtigkeit" war (Apg 8,23).

Die Gabe, Geister zu unterscheiden, kann verschieden ausgeübt werden. Am offensichtlichsten zeigt sich diese Gabe, wenn ein augenscheinlich richtiges Verhalten als ein Werk Satans entlarvt wird. Eine andere Möglichkeit besteht darin, zu unterscheiden, ob das, was ein christlicher Bruder oder eine christliche Schwester tut, göttlich oder fleischlich motiviert ist. Eine dritte Möglichkeit ist die übernatürliche Fähigkeit, Wahrheit von Irrtum zu unterscheiden – selbst dann, wenn die Motive rein sind. Besonders in den letzten beiden Fällen muß der, der die Gabe der Unterscheidung einsetzt, ein enormes Urteilsvermögen verbunden mit einem Extra-Maß der Frucht des Geistes mitbringen. Glieder am Leib Christi, die die Gabe der Unterscheidung haben – das ist das eine. Selbsternannte Jäger nach Irrlehrern aber sind etwas völlig anderes, und manchmal habe ich den Eindruck, daß unsere Kirchen von solchen Leuten bereits übervölkert sind.

* Die Gabe der Dämonenaustreibung

Während die Gabe der Dämonenaustreibung eine der Gaben ist, die in der Bibel nicht ausdrücklich mit dem Begriff „charisma" bezeichnet werden, gibt es doch viele Zeugnisse, daß sie sowohl zu neutestamentlicher Zeit als auch heute praktiziert worden ist.

Die Gabe der Dämonenaustreibung ist eine besondere Fähigkeit, die Gott einigen Gliedern am Leib Christi gibt, die sie befähigt, Dämonen und böse Geister auszutreiben.

Ähnlich wie bei der Gabenkoppelung Hirte-Lehrer sind die Fähigkeiten, Geister zu unterscheiden und Dämonen auszutreiben, eng miteinander verbunden. Zum Beispiel wurde Paulus in Philippi von einem Mädchen belästigt, das ihm fortwährend nachrief: „Diese Menschen sind Knechte des allerhöchsten Gottes, die euch den Weg des Heils verkündigen!" Diese Worte klingen nicht so, als ob etwas an ihnen verkehrt wäre. Aber Paulus war fähig zu sehen, daß ein böser

Geist aus ihr sprach, und er trieb ihn aus (vgl. Apg 16,16-18). In diesem Fall gebrauchte er also beide zusammenwirkende Gaben.
Exorzismus sollte nicht ohne die Gabe der Unterscheidung der Geister ausgeübt werden. Unglücklicherweise gibt es in einigen Kreisen eine übermäßige Beschäftigung mit Dämonen und bösen Geistern. Ich habe schon von einer Christin gehört, die in einem Hotelflur stand und Dämonen aus einem klemmenden Türgriff herauszubeten versuchte. Wer aus allem, was wackelt, die „Dämonen" austreiben möchte, kann damit seine Mitchristen verunsichern. Diejenigen, die befähigt sind, böse Geister auszutreiben, müssen mit äußerster Vorsicht verfahren und unter Gebet und Fasten und in der Abhängigkeit vom Heiligen Geist ihre Gabe einsetzen.
Eines der dramatischsten mir bekannten Beispiele dafür, wie Dämonenaustreibung zum Gemeindeaufbau beitragen konnte, hat seinen Ursprung in meiner Heimatstadt Pasadena. Ein junger Bolivianer, Julio Cesar Ruibal, studierte hier Medizin. Nebenbei war er der jüngste und einer der mächtigsten Gurus des Okkultismus in der westlichen Welt. Doch Gott hatte seine Hand auf ihn gelegt. Ruibal hörte das Evangelium zum ersten Mal bei einer Veranstaltung mit Kathryn Kuhlman und wurde dadurch sehr verwirrt. Am Tag darauf besuchte er ein Gebetstreffen bei einem Ehepaar in meiner Heimatgemeinde. Bei diesem Treffen waren auch zwei Frauen anwesend, die die Gabe der Dämonenaustreibung hatten. In einem dramatischen Akt wurde Ruibal von den Dämonen des Yoga, der Hellseherei, der Astrologie, des Wodu, der Reinkarnation, des Kabbala, des Tischrückens, der metaphysischen Heilung, des automatischen Schreibens, des Pendelns, der außersinnlichen Wahrnehmung und vielen mehr befreit. Als die Dämonen Ruibal verließen, warfen sie ihn zu Boden, und er hatte das Gefühl, als würde elektrischer Strom seinen Körper durchziehen.
Als Julio Cesar Ruibal im Glauben wuchs, fühlte er sich berufen, nach Bolivien zurückzukehren, um dort das Evan-

gelium zu verkündigen. Gott hatte ihm zwischenzeitlich die Gabe der Heilung gegeben. Unter Ruibals Leitung fanden 1973 die aufsehenerregendsten evangelistischen Veranstaltungen statt, die Bolivien je erlebt hatte. Tausende von Menschen – unter ihnen auch die Frau des Staatspräsidenten –, die durch Ruibals Dienst zum Glauben kamen, können Gott für die zwei Frauen in Pasadena danken, die die Gabe der Dämonenaustreibung hatten und wußten, wie man damit umgeht.

Wie lange behalten wir eine Gabe?

Es gibt in einigen Kreisen die Theorie, daß jeder Christ zu jeder Zeit jede Gabe ausüben könne, wenn sich die Notwendigkeit ergäbe. Nach dieser Theorie werden uns geistliche Gaben nur für den Augenblick gegeben – anschließend nimmt sie Gott uns wieder.

Diese Theorie hat eine gewisse Berechtigung. Es ist richtig, daß jeder Christ bereit sein sollte, zu jeder Zeit als Werkzeug Gottes gebraucht zu werden. Zum Beispiel habe ich nicht die Gabe der Heilung, aber ich will offen dafür sein, daß Gott mich in bestimmten Situationen dazu auswählt, meine Hände auf Kranke zu legen, so daß sie durch mich Heilung erfahren. Ich wäre glücklich, wenn Gott mich zu diesem Dienst rufen würde. Teil meiner christlichen Universalrolle ist es, offen zu bleiben für das spontane und unvorhersagbare Wirken des Heiligen Geistes. Aber was der Heilige Geist bei solchen Gelegenheiten tut, sollte nicht mit geistlichen Gaben verwechselt werden.

Ich bin davon überzeugt, daß ein Christ, wenn er einmal eine geistliche Gabe bekommen hat, sie auch lebenslang behält. Diese Auffassung habe ich aus Römer 12,4 abgeleitet, wo Paulus das Funktionieren des physischen Leibes als Schlüssel zum Verständnis von Geistesgaben erwähnt. Wenn geistliche Gaben sich zum Leib Christi verhalten wie Hände, Zungen und andere Glieder zum physischen Leib, dann besteht für mich kein Zweifel, daß Christen sich darauf

verlassen können, ihre einmal entdeckten Gaben auch zu behalten. Wenn ich abends zu Bett gehe, kommt mir auch nicht im entferntesten der Gedanke, daß am nächsten Morgen mein Fuß etwa als Niere aufwachen könnte.
Dieses Wissen hilft uns, unser Leben zu planen. Es kann uns davor bewahren, zu viel Energie in interessante christliche Universalrollen zu investieren, wobei die Ausübung unserer Geistesgaben zu kurz kommt. Der Gemeindeaufbau ist auf die Mobilisierung aller Glieder des Leibes Christi angewiesen. Untersuchungen zeigen, daß ein engagierter Christ wöchentlich zwischen drei und zehn Stunden im gemeindlichen Umfeld verbringt. In den meisten Gemeinden ist der Großteil der zur Verfügung stehenden Stunden durch den Besuch von Gottesdiensten, Haus-, Gebets- und anderen Kreisen bereits verplant. Für die meisten Menschen ist dies eine Zeit der persönlichen geistlichen Erbauung, aber nicht der Ausübung ihrer geistlichen Gaben. Die wenige noch verbleibende Zeit für den Einsatz der eigenen Gaben sollte also sehr sorgfältig geplant und strukturiert werden.
Meine Faustregel lautet: Geistliche Gaben sollten geplant und gezielt eingesetzt werden, während es für die Ausübung von christlichen Universalrollen reicht, wenn sie bei Bedarf zum Einsatz kommen. Um auf das Beispiel des Unternehmers Stanley Tam zurückzugreifen, der die Gabe des Gebens hat: Er sollte einen großen Teil seiner Zeit ganz bewußt für Belange seines Betriebes einsetzen, um darüber nachzudenken, wie er für Gott mehr Geld verdienen kann. Für mich gilt das nicht: Da ich das Geben nur als Universalrolle, nicht aber als Geistesgabe ausübe, sollte mein Denken nicht allzusehr um finanzielle Dinge kreisen. Vielmehr sollte ich meine Zeit hauptsächlich zum Ausüben der Gaben nutzen, die Gott mir gegeben hat. Wenn ich so viel Zeit wie Stanley Tam für finanzielle Angelegenheiten einsetzen würde, wäre das Sünde.
Menschen, die Gott mit sehr verschiedenen Geistesgaben beschenkt hat, werden vielleicht feststellen, daß zu bestimmten Zeiten ihres Dienstes einige Gaben mehr gefragt

sind, während andere in den Hintergrund treten. Mit wechselnden Herausforderungen kann sich das aber jederzeit umkehren. Es bedeutet nicht, daß sie bestimmte Gaben verlieren, nur weil sie sie in einem gewissen Zeitraum weniger praktizieren.

Es kann aber auch sein, daß einige Gaben entgegen dem Willen Gottes ungenutzt bleiben. Vielleicht haben Sie eine Gabe, die Sie einsetzen sollten, es aber nicht tun. Das schien Paulus im Hinterkopf zu haben, als er Timotheus ermahnte, seine Gabe nicht unbeachtet zu lassen (1 Tim 4,14) bzw. die Gabe zu erwecken (2 Tim 1,6) und das „Werk eines Evangelisten" zu tun (2 Tim 4,5). Diese Verse lassen darauf schließen, daß Evangelisation eine der geistlichen Gaben des Timotheus war. Gaben ruhen zu lassen anstatt sie einzusetzen – das ist eine Möglichkeit, den „Heiligen Geist zu betrüben".

4. Wie ich meine Gaben fand – und wie Sie Ihre entdecken können

Es gibt kein Kapitel in der Bibel, das die Frage behandelt, wie wir unsere Gaben herausfinden können. An keiner Stelle schreiben Petrus, Paulus oder Jakobus: „Und nun, liebe Brüder, ermahne ich euch, folgenden fünf Schritten zu folgen, um eure geistlichen Gaben zu entdecken." Das Fehlen eines solchen Bibelabschnitts hat manche Christen zu der Auffassung gebracht, daß das Entdecken der eigenen Gaben ein unbiblisches Unterfangen sei.

Nach meiner Auffassung sollten uns fehlende biblische Anweisungen nicht davon abhalten, praktische und zeitgemäße Vorgehensweisen zu entwickeln, um den Willen Gottes besser zu erkennen und zu tun. Es gibt auch kein Kapitel in der Bibel, das uns sagt, welche Prozesse durchlaufen werden müssen, bevor kirchliche Verordnungen entstehen können. Nichts in der Bibel verrät uns, wie wir ein Missionswerk zu organisieren haben oder welches System wir für die Gehaltsaufbringung von Missionaren wählen sollten. Seit Jahrhunderten streiten sich die Theologen um die Frage, wann und wie Christen getauft werden sollten. Das alles findet kaum ein Christ ungewöhnlich.

Deshalb will ich mich von solchen Argumenten nicht einschüchtern lassen. Viele der Bücher, die ich zum Thema Geistesgaben gelesen habe, behandeln ausdrücklich die Frage, wie wir unsere Gaben herausfinden können. Als ich mir die verschiedenen Bücher anschaute, stellte ich fest: So unterschiedlich sie sind, gibt es doch verblüffende Gemeinsamkeiten. Kein Autor übernimmt gerne die Gliederung eines anderen – schon deshalb hat jeder sein eigenes System. Aber die Schritte, die wir unternehmen können, um unsere geistlichen Gaben zu entdecken, werden von allen Autoren sehr ähnlich beschrieben.

Seit Jahren arbeite ich mit den fünf Schritten, die ich im

folgenden beschreiben will, und kann gar nicht mehr sagen, von wem sie ursprünglich stammen. Ich wünschte, sie stammten von mir, aber ich bin mittlerweile alt genug, um zu wissen: „Es geschieht nichts Neues unter der Sonne!" (Pred 1,9) Ich habe diese Schritte seit vielen Jahren in meinen Seminaren erprobt und gute Erfahrungen damit gemacht.
Wenn sie sich aber in Ihrer Situation als wenig hilfreich erweisen sollten, dann sehen Sie sich nach anderen Ansätzen um. Ich möchte Sie nicht für eine bestimmte Methode gewinnen, sondern erreichen, daß sie überhaupt darüber nachdenken, welche Gaben Gott Ihnen zum Aufbau seiner Gemeinde gegeben hat.

Vier Vorbedingungen

Bevor Sie über praktische Schritte nachdenken, wie Sie Ihre geistlichen Gaben entdecken können, sollten Sie prüfen, ob Sie die folgenden vier Voraussetzungen erfüllen. Wenn das nicht der Fall ist, werden Sie Schwierigkeiten haben, Ihre Gaben herauszufinden.

Erstens: Sie müssen Christ sein. Geistliche Gaben werden nur Gliedern am Leib Christi gegeben. Unglücklicherweise sind nicht alle Kirchenmitglieder gleichzeitig Glieder am Leib Christi. Manche mögen regelmäßig den Gottesdienst besuchen, die Gemeinde finanziell unterstützen oder sogar zum Kirchenvorstand gehören, ohne aber jemals das erfahren zu haben, was einige als „Wiedergeburt" oder als „Erneuerung" oder als „Entscheidung" oder als „Bekehrung" bezeichnen. Die Bezeichnung ist nicht entscheidend – wichtig ist nur, daß Menschen eine persönliche Beziehung zu Jesus haben.
Wenn ich in einer Gemeinde ein Seminar durchführe, kann ich nicht davon ausgehen, daß für jeden meiner Zuhörer das Thema „Geistesgaben" wirklich schon relevant ist. Einige brauchen vielleicht noch grundlegendere Informationen.

Wenn Sie selbst nicht sicher sind, wo Sie geistlich stehen, dann schieben Sie die Beschäftigung mit geistlichen Gaben zunächst einmal auf. Suchen Sie einen Menschen, der überzeugter Christ ist, und fragen Sie ihn um Rat. Wenn Sie noch nicht Glied am Leib Christi sind, dann haben Sie auch keine geistliche Gabe.

Zweitens: Sie müssen glauben, daß die Gaben des Geistes auch für Sie bestimmt sind. Die meisten Christen rechnen nicht mit den Gaben des Geistes, weil ihnen die einfachsten Informationen darüber fehlen. Trotz aller Materialien zum Thema, die zunehmend erhältlich sind, ist ihr niedriger Wissensstand erschreckend. In vielen Fällen ist das nicht ihre Schuld. Es läuft mir kalt den Rücken herunter, wenn ich in Jakobus 3,1 lese: „Liebe Brüder, nicht jeder von euch soll ein Lehrer werden; und wißt, daß ihr ein desto strengeres Urteil empfangen werdet." Dieser Satz ist so unbequem, weil er die Verantwortung für die erschreckende Unwissenheit über Geistesgaben denjenigen gibt, die den Auftrag haben, das Wort Gottes zu lehren.
Sie müssen davon überzeugt sein, daß Gott Ihnen eine geistliche Gabe gegeben hat, bevor Sie sich auf den Prozeß einlassen, sie zu entdecken. Ich habe das erste Kapitel geschrieben, um alle Leser davon zu überzeugen, daß Gott sie mit geistlichen Gaben ausgestattet hat. Wenn meine Bemühungen bei Ihnen keinen Erfolg gehabt haben sollten, dann sind die fünf Schritte dieses Kapitels nicht für Sie bestimmt. Wer sich auf den Prozeß einlassen will, seine Gabe zu identifizieren, sollte das bereits in der dankbaren Haltung tun, daß Gott ihm eine Gabe gegeben hat, und in freudiger Erwartung dessen, welche Gabe es wohl sein mag.

Drittens: Sie müssen bereit sein, Ihre Gabe auch einzusetzen. Die fünf Schritte, die ich vorschlage, sind eine Art geistlicher Übung. Dazu ist Gottes Hilfe nötig. Wenn Gott Ihnen eine oder mehrere Gaben gegeben hat, dann verfolgt er damit einen Zweck. Es gibt für Sie eine Aufgabe im Leib Christi zu erfüllen, für die er Sie ganz speziell ausgestattet hat. Gott

weiß, ob es Ihnen mit Ihrer Einsatzbereitschaft ernst ist. Wenn er erkennt, daß Sie Ihre Gaben nur entdecken wollen, weil es gerade „in“ ist, dann können Sie in diesem Prozeß nicht mit Gottes Unterstützung rechnen.
Wenn Sie aber dazu bereit sind, Ihre geistliche Gabe zur Ehre Gottes und zum Aufbau des Leibes Christi einzusetzen, dann wird Gott Ihnen dabei helfen. Wenn Sie zu einem Leben als aktiver, engagierter Christ bereit sind, dann ist es für Sie an der Zeit, sich auf die fünf Schritte einzulassen.

Viertens: Sie müssen beten. Der gesamte Entdeckungsprozeß muß von Gebet begleitet sein. „Wenn es aber jemandem unter euch an Weisheit mangelt“, sagt Jakobus, „so bitte er Gott, der jedermann gern gibt“ (Jak 1,5). Beten Sie ernsthaft um Gottes Führung. Gott möchte, daß Sie Ihre Geistesgabe entdecken, und er wird Ihnen alle Hilfe geben, die Sie brauchen.

Schritt 1: Erkunden Sie die Möglichkeiten.

Der erste Schritt bei den meisten Unternehmungen ist es, sich zunächst einmal einen Überblick über alle vorhandenen Möglichkeiten zu verschaffen. Wenn Sie verreisen wollen, nehmen Sie sich eine Karte und erkunden die verschiedenen Möglichkeiten, an Ihr Ziel zu gelangen.
Es ist schwierig, eine geistliche Gabe zu entdecken, wenn Sie nicht wenigstens ungefähr wissen, wonach Sie Ausschau zu halten haben. Zweck dieses ersten Schrittes ist es deshalb, sich vorab mit den Gaben, die Gott dem Leib Christi gegeben hat, so sehr vertraut zu machen, daß Sie später Ihre eigene Gabe auch richtig einordnen können. Soweit ich sehe, gibt es fünf Möglichkeiten, sich an dieser Stelle sachkundiger zu machen.

1. Studieren Sie die Bibel. Es liegt in der Natur der Sache, daß die grundlegende Quelle für Informationen über Geistesgaben die Bibel ist. Lesen Sie die Hauptabschnitte über

Geistesgaben immer wieder. Benutzen Sie dabei unterschiedliche Übersetzungen. Betrachten Sie am Beispiel biblischer Gestalten, wie sich bestimmte Gaben in der Praxis auswirkten.

2. Machen Sie die Position ausfindig, die Ihre Gemeinde zu geistlichen Gaben hat. Wie ich schon verschiedentlich erwähnt habe, gibt es unter den verschiedenen Gemeinden keinerlei Konsens, welche Gaben heute noch existieren. Ich erwarte auch nicht, daß diese Differenzen in absehbarer Zeit überwunden sein werden.
Aber wir können mit dem Gemeindeaufbau nicht warten, bis sich diese Auseinandersetzungen geklärt haben. Wir tragen Verantwortung für eine ganze Generation von Menschen, die ohne Christus verloren ist. Derzeit können wir nur sagen: Laßt uns aufbrechen und die Welt mit der geistlichen Ausrüstung evangelisieren, die Gott uns jetzt gegeben hat. Wenn die nächste Generation anders ausgerüstet sein sollte oder einen größeren Konsens in dieser oder jener theologischen Frage erreicht, wäre das sehr erfreulich. Aber für die Aufgaben, die es heute anzupacken gilt, hat das keine große Bedeutung.
Es ist sehr wahrscheinlich, daß Gott die Mannigfaltigkeit von Gabenkombinationen in den unterschiedlichen Gemeinden gefällt. Weil ich ein Befürworter der verbindlichen Mitarbeit in einer Gemeinde bin, glaube ich, daß ein Christ, der sich aus freiem Entschluß zu einer Gemeinde hält, sich auch der Autorität dieser Gemeinde unterstellen sollte. Im Blick auf geistliche Gaben treten die Hauptunterschiede heute gewöhnlich zutage, wenn es um die sogenannten „Zeichengaben", vor allem die Gabe des Zungenredens, geht. In einigen Gemeinden wird diese Gabe in den Gottesdiensten am Sonntagvormittag praktiziert. Andere richten besondere Gottesdienste während der Woche ein, wo diese Gabe gebraucht werden darf, aber sie erlauben sie nicht im Hauptgottesdienst. Einige Gemeinden lassen in keinem Gottesdienst das Reden in Zungen zu, haben aber nichts gegen

Zungenreden als persönliche Gebetssprache in Hauskreisen. Andere Gemeinden sind überzeugt, daß die Gabe des Zungenredens heute überhaupt nicht mehr gebraucht werden sollte.
Wenn Sie herausgefunden haben, wie Ihre Gemeinde zu dieser und anderen Gaben steht, dann gibt es für Sie zwei Möglichkeiten, darauf zu reagieren. Entweder Sie entscheiden sich zur Loyalität mit Ihrer Gemeinde und akzeptieren ihre Lehre, oder Sie verlassen Ihre Gemeinde und bitten Gott, Ihnen eine andere zu zeigen, in der Sie sich mehr zu Hause fühlen.
Was ich auf keinen Fall empfehle, ist in der Gemeinde zu bleiben und zu versuchen, andere Gemeindeglieder für Ihre Position zu gewinnen. Die Energie, die bei solchen Aktionen verlorengeht, ist unglaublich groß. Viele Gemeinden haben schon tragische Spaltungen in dieser Frage erlebt. Gott hat uns geistliche Gaben nicht gegeben, um Streit zu entfachen. Er gab sie, damit sie der Gesundheit und dem Wachstum der Gemeinde dienen. Jede Einheit geistlicher Energie, die im Streit über Geistesgaben verlorengeht, ist eine verlorene Einheit für den Gemeindeaufbau.

3. Lesen Sie ausgiebig. Nie zuvor hat es ein umfangreicheres Angebot an Literatur und Arbeitsmaterialien über Geistesgaben gegeben. In diesem Buch finden Sie meine Meinung über 27 Gaben, aber damit ist längst nicht das letzte Wort gesprochen. Stellen Sie die Punkte zusammen, wo die verschiedenen Autoren übereinstimmen und wo sie voneinander abweichen. Ziehen Sie den Vergleich mit dem, was Sie aus der Bibel gelernt haben, und bilden Sie sich Ihre eigene Meinung. Ist es wirklich von Bedeutung, wenn das, was ich für die Gabe der Prophetie halte, von einem anderen Autor als Wort der Erkenntnis verstanden wird? Den letzten Überblick hat Gott selbst, und er ist wahrscheinlich weitherziger und verständnisvoller, als sich die meisten von uns vorstellen können.

4. Lernen Sie Christen kennen, die ihren Gaben entsprechend leben. Sprechen Sie mit Christen, die ihre geistliche Gabe oder Gaben entdeckt haben und sie einsetzen. Fragen Sie sie, wie sie ihre Gaben verstehen und wie sie sie herausgefunden haben.

5. Machen Sie die Gaben des Geistes zum Gesprächsthema. Auch wenn das Interesse am Thema steigt, so zögern doch noch immer viele Christen, miteinander über geistliche Gaben ins Gespräch zu kommen. Manche befürchten, man würde sie für arrogant halten, wenn sie über ihre geistliche Gabe sprechen. Ich hoffe, daß wir bald unsere Hemmungen an dieser Stelle überwinden und offen miteinander darüber reden können, welche Gaben wir haben und welche nicht.

Schritt 2: Experimentieren Sie mit möglichst vielen Gaben.

Sie entdecken Ihre geistlichen Gaben nicht anders, als Sie Ihre natürlichen Begabungen entdecken. Sie hätten nie herausgefunden, daß Sie ein begabter Bowling-Spieler sind, wenn Sie es nicht probiert hätten. Sie wären nie auf den Gedanken gekommen, daß Sie Gedichte schreiben können, wenn Sie es niemals versucht hätten. Ob Sie wohl als Drachenflieger begabt sind? Sie werden es wohl nie erfahren, wenn Sie es nicht ausprobieren!
Es gibt einige Gaben, die man unmöglich „ausprobieren" kann. Ich könnte Ihnen zum Beispiel nicht sagen, wie Sie mit der Gabe der Wundertaten oder der Leidensbereitschaft experimentieren können. Und ich persönlich hoffe, niemals mit der Gabe der Dämonenaustreibung experimentieren zu müssen. Aber mit den meisten Gaben verhält es sich anders. Sie können mit ihnen experimentieren, und ich empfehle Ihnen, es so viel wie möglich zu tun.
Schauen Sie sich doch einfach einmal um, welche Bedürfnisse Sie bei anderen Menschen entdecken können. Dann tun Sie etwas, um diesen Bedürfnissen zu begegnen. Denken Sie

darüber nach, wo Sie sich nützlich machen können – und setzen Sie Ihre Ideen in die Tat um.
Zeigen Sie Bereitschaft, anfallende Aufgaben in Ihrer Gemeinde zu übernehmen. Und wenn Sie eine Aufgabe übernommen haben, dann bitten Sie Gott, Ihnen in den Erfahrungen, die Sie jetzt machen, zu zeigen, ob Sie auf dem betreffenden Gebiet eine Gabe haben. Arbeiten Sie hart. Geben Sie nicht vorschnell auf. Eine Gabe zu entdecken, erfordert volle Konzentration.
Wenn Sie so mit Gaben experimentieren, dann sollten Sie nicht nur fragen: „Welche Gabe habe ich?" Ebenso wichtig ist die umgekehrte Frage: „Welche Gabe habe ich nicht?" Jede Gabe, die Sie nicht haben, reduziert die Anzahl der Möglichkeiten, die Sie testen müssen, um eine positive Antwort zu bekommen.
Als ich Mitte der fünfziger Jahre mein Abschlußexamen am Fuller Seminary machte, hatte ich so gut wie nichts über geistliche Gaben gelernt. Nach meinem Examen wurde ich in einer evangelikalen, bibelgläubigen Gemeinde ordiniert, und keiner der sieben Pfarrer, die für meine Ordination zuständig waren, fragte mich, welche geistlichen Gaben ich hätte. Ich bewarb mich in den folgenden Jahren bei zwei Missionsgesellschaften und wurde beide Male akzeptiert. In den Bewerbungsgesprächen tauchte an keiner Stelle die Frage nach meinen Gaben auf. So reiste ich 1956 als Analphabet in Sachen Geistesgaben als Missionar nach Bolivien.
Ich wußte zwar nicht viel über geistliche Gaben, aber ich wußte sehr genau, was ich werden wollte. Es war die Zeit, in der der Stern Billy Graham aufging. Er war der Held vieler Theologiestudenten, und auch ich gehörte zu seinen Verehrern. Ich bewunderte die Art, wie er in einem überfüllten Stadion predigte, eine einfache biblische Botschaft vortrug, eine Einladung aussprach – und erlebte, wie überall Menschen aufstanden, die Gänge füllten und nach vorne strömten, um eine Entscheidung für Christus zu treffen. Das war etwas für mich! Meine Freunde und ich fingen an, in unseren homiletischen Seminaren Billy Grahams Gestik nach-

zuahmen. Wir versuchten, mit seinem North-Carolina-Akzent zu predigen. Wir lernten deutlich zu artikulieren: „Die Bibel sagt...“. Und unsere Augen funkelten, wenn uns dieser Satz über die Lippen kam.

Als ich schließlich entschlossen war, in die Mission zu gehen, hatte ich klare Vorstellungen. Ich sagte: „Billy, du kannst Amerika haben – ich nehme Bolivien!“ Vor meinem geistigen Auge zogen bereits Tausende von Bolivianern vorüber, die durch meine Botschaft zu Christus gefunden hatten.

Es dauerte noch eine kleine Weile, bis ich Spanisch gelernt hatte, aber dann war ich bereit. Ich bereitete eine wunderbare Predigt auf Spanisch vor und benutzte dabei alle homiletischen Kniffe, die ich während meines Studiums gelernt hatte. Ich hatte den Eindruck, daß meine Predigt sogar ein bis zwei Gedanken enthielt, auf die nicht einmal Billy Graham gekommen wäre. Dann hielt ich die Predigt mit brennendem Herzen und sprach die Einladung aus, nach vorne zu kommen. Kein Mensch kam.

Maßlos enttäuscht versuchte ich, herauszufinden, was falsch gelaufen war. Hatte ich zu wenig gebetet? Ich hatte mich bis dahin nie besonders als Beter hervorgetan, und bei all der Anstrengung, die ich in meine Predigt gesteckt hatte, mußte ich zugeben, daß dabei das Gebet fast ganz unter den Tisch gefallen war. So machte ich mich an eine neue Predigt mit klarem Aufbau und gesunder Lehre. Aber diesmal betete ich intensiv, bevor ich auf die Kanzel stieg. Das Ergebnis war das gleiche. Die Leute schienen auf ihren Sitzen festgeklebt zu sein.

Daraus schloß ich, daß in meinem Leben irgendetwas nicht stimmte, so daß meine Beziehung zu Christus blockiert war. Die mir bestens vertraute „Theologie der Hingabe“ hatte mein Denken so programmiert, daß ich vermutete, meinen Leib nicht wirklich „als lebendiges Opfer hingegeben“ zu haben – denn wenn ich es getan hätte, würde Gott meinen evangelistischen Dienst bestimmt segnen.

Meine Gedanken wanderten in die Zeit meines Studiums

zurück. Ich erinnerte mich an einen Professor, der uns in „persönlicher Evangelisation“ unterrichtet hatte. Dieser Mann hielt uns mit seinen Schilderungen, wie Gott ihn gebrauchte, um andere für Christus zu gewinnen, stets in Atem. Er erzählte davon, wie er in einen Bus stieg, sich neben einen wildfremden Fahrgast setze – und noch bevor die Busreise endete, war der Fremde zum Glauben an Christus gekommen. Das hatte mich sehr beeindruckt.

So stieg ich in einen Bus und setzte mich neben einen total fremden Menschen. Als wir den Bus verließen, war er wütend auf mich. Ich war am Boden zerstört.

Während meiner ersten Jahre als Missionar löste eine desillusionierende Erfahrung die andere ab. Ich wollte der Billy Graham von Bolivien sein, aber irgend etwas schien mich daran zu hindern.

Dann begann ich langsam, etwas über geistliche Gaben zu lernen. Auf Anregung eines Freundes las ich ein Buch zu diesem Thema. Beim Studium dieses Buches und der angegebenen Bibelstellen und durch die Gespräche mit meinem Freund rückte die biblische Lehre über die Gaben des Geistes für mich zum ersten Mal ins Blickfeld. Und dann machte ich eines Tages eine Entdeckung, die ich als die wichtigste geistliche Entdeckung meines Lebens betrachte: Gott hatte mir nicht die Gabe der Evangelisation gegeben!

Von jenem Tage an war ich ein besserer Christ, ein besserer Missionar, ein fröhlicherer Mensch, ein besserer Ehemann und Vater – und vor allem: ein besserer Diener Gottes! Als ich erkannte, daß mich Gott am Tag des Gerichts nicht für das zur Verantwortung ziehen wird, was ich als Evangelist vollbracht habe, fühlte ich mich befreit. Es war Gott selber, der nicht wollte, daß ich der Billy Graham von Bolivien wurde. Welche Erleichterung!

Ich hatte mit einer Geistesgabe experimentiert. Ich hatte mit Ausdauer versucht, sie zu gebrauchen. Und ich war zu der wichtigen Entdeckung gekommen, daß ich diese Gabe nicht besitze. –

Lassen Sie mich gleich hinzufügen, daß ich trotzdem wie

jeder andere Christ die Universalrolle ausübe, Zeuge für Christus zu sein. Ich habe mich damit beschäftigt, wie ich anderen Menschen Christus bezeugen kann, und gelegentlich führe ich auch einen Menschen zum Glauben. Wer die Gabe der Evangelisation nicht hat, ist nicht davon befreit, ständig Zeuge seines Herrn zu sein.

Schritt 3: Prüfen Sie Ihre Gefühle.

Bei vielen Evangelikalen ist es anrüchig geworden, auf seine Gefühle zu achten. Wenn ein Christ Freude am Leben hat, kann ihrer Meinung nach irgend etwas nicht stimmen. Es wird so getan, als sei das, was Gott von uns will, immer unangenehm. Nach dieser Auffassung hätten Christen ständig zu wählen, entweder das zu tun, was *sie* wollen, und dabei glücklich zu sein – oder das zu tun, was *Gott* will, und dabei unglücklich zu sein. Aber auch diese Einstellung wandelt sich allmählich. Das wachsende Interesse an geistlichen Gaben bahnt den Weg für eine Zeit, in der es Spaß machen kann, Gott zu dienen.

Der gleiche Gott, der uns die Geistesgaben gibt, hat einen genauen Überblick über unser ganzes Wesen. Gott kennt jedes Detail unserer seelischen Verfassung; er weiß, wie unsere Drüsen, Hormone und unser Stoffwechsel funktionieren. Er versteht unsere Gefühle besser als wir selbst. Und er weiß: Eine Aufgabe, die wir gerne tun, führen wir besser aus als eine, die wir nur widerwillig tun. Ich verstehe es als einen Teil von Gottes Plan, daß er unsere Gaben so mit unseren Gefühlen in Einklang bringt, daß uns das Praktizieren einer Gabe Freude macht. In Psalm 37,4 heißt es: „Habe deine Lust am Herrn; der wird dir geben, was dein Herz wünscht!" Biblisch gesehen scheint es keinen Konflikt zu geben zwischen dem, was mir selbst Freude macht und dem, was Gott gefällt.

Wie gering das Echo auf meine evangelistischen Bemühungen in Bolivien war, habe ich schon erwähnt. Zur gleichen Zeit wurde mir – vor allem durch eine Prüfung meiner

Gefühle – klar, daß ich nicht die Gabe des Hirten habe. Meine Frau und ich bekamen von unserer Mission den Auftrag, in einem bolivianischen Dorf eine Gemeinde zu gründen. In mühsamer Arbeit bauten wir eine kleine Gemeinde auf. Die Gemeindeglieder kamen zu mir und erzählten von ihren Nöten. Hier war ich als Hirte der Gemeinde gefordert, aber ich merkte, daß mir die geistliche Ausrüstung für diese Aufgabe fehlte. Wann immer ein Mensch beginnt, mir von seinen persönlichen Problemen zu erzählen, verliere ich die Fassung. Ich neige dazu, mir über diesen Menschen Sorgen zu machen, kann nachts nicht schlafen, bin den Tränen nahe. In vielerlei Hinsicht zeige ich Überreaktionen und mache alles verkehrt. Kurz gesagt: Meine Gefühle sagen mir, daß Gott mir keine Gabe für den Hirtendienst gegeben hat.
Natürlich mache ich von meiner Universalrolle Gebrauch, immer wieder einmal ein offenes Ohr für die Probleme anderer Menschen zu haben und auf ihre Nöte einzugehen. Angehörige, Freunde und bisweilen auch Studenten suchen meinen Rat, und ich versuche, so gut ich kann zu helfen. Allerdings ist meine Erfolgsquote bei solchen Beratungen ziemlich gering, wenn nicht gleich Null. Weil ich das weiß, versuche ich solchen Beratungssituationen nach Möglichkeit aus dem Wege zu gehen. Andere können es bisweilen nur schwer verstehen, wieviel emotionale Energie das Anhören von Problemen für Menschen erfordert, die die Gabe des Hirtendienstes nicht haben.

Schritt 4: Fragen Sie nach Ihrer Effektivität.

Da die Geistesgaben aufgabenorientiert sind, kann von ihnen erwartet werden, daß sie Ergebnisse bringen. Wenn Gott Ihnen eine Gabe gegeben hat, dann möchte er, daß Sie mit ihr innerhalb des Leibes Christi etwas erreichen. Das steht keinesfalls im Widerspruch zu christlicher Demut. Wenn Sie mit einer Gabe experimentieren und dabei ständig erleben, daß das, was eigentlich geschehen sollte, nicht geschieht,

dann haben Sie wahrscheinlich eine weitere Gabe gefunden, die Gott Ihnen nicht gegeben hat.
Auf diese Weise bekam ich die ersten Anhaltspunkte, daß ich nicht die Gabe der Evangelisation habe. Ich versuchte mich bei öffentlichen Evangelisationsveranstaltungen und machte eine Bauchlandung nach der anderen. Ich praktizierte persönliche Evangelisation, und meine Zunge war wie gelähmt. Nachdem ich beobachtet hatte, wie einige meiner Freunde mühelos Zeugnis gaben und unzählige Leute zu Christus führten, verstand ich, daß mir für die Evangelisation nur wenig übernatürliche Hilfe geschenkt wird.
Wenn Sie die Gabe der Evangelisation haben, dann werden durch Ihren Dienst regelmäßig Menschen zum Glauben kommen. Wenn Sie die Gabe der Seelsorge haben, werden Sie miterleben, wie Sie anderen Menschen in ihren Nöten helfen können und wie deren Leben heil wird. Wenn Sie die Gabe der Heilung haben, werden kranke Menschen gesund. Wenn Sie die Gabe der Organisation haben, laufen organisatorische Dinge glatt. Wenn wahre Gaben zum Einsatz kommen, dann wird das, was durch sie geschehen soll, auch eintreten.

* Die Gabe des Lehrens

Als meine Frau und ich in der Mission tätig waren, erkannte ich nicht nur, daß ich die Gaben des Evangelisten und Hirtendienstes nicht hatte, ich entdeckte andererseits auch eine geistliche Gabe, die ich besitze: die Gabe des Lehrens. Heute bin ich mir darüber bewußt, daß Gott mir am Tag des Gerichts die Frage stellen wird, was ich mit der Gabe des Lehrens getan habe. Weil ich weiß, daß diese Frage kommen wird, tue ich alles in meiner Macht Stehende, um eine befriedigende Antwort geben zu können.

Die Gabe des Lehrens ist eine besondere Fähigkeit, die Gott einigen Gliedern am Leib Christi gibt. Sie befähigt, Dinge, die für die Gesundheit und das Wachstum der Gemeinde relevant sind, in einer Weise zu vermitteln, daß andere lernen.

Es ist sofort sichtbar, daß in diese Definition die Effektivität bereits eingebaut ist: „...daß andere lernen." Üblicherweise halten wir es schon für Lehre, wenn wir unseren Zuhörern langatmige Kanzel-Monologe zumuten, ohne daß überprüft wird, ob die Zuhörer tatsächlich lernen und Konsequenzen aus der Lehre ziehen.

Da ich die Gabe des Lehrens habe, erwarte ich, daß diejenigen, die meine Seminare besuchen und meine Bücher lesen, auch etwas lernen. Ich glaube nicht, daß ich höher von mir denke, als ich sollte. Ich glaube, daß ich mich sehr nüchtern sehe. Häufig erhalte ich Briefe von Studenten, die mir schreiben: „Ihr Kurs war die beste Lernerfahrung, die ich gemacht habe, seitdem ich vor 20 Jahren ordiniert wurde." Ehrlich gesagt, ich erwarte solch eine Resonanz, ähnlich wie Billy Graham erwartet, daß sich die Leute erheben und nach vorne kommen, wenn er eine Einladung zu Jesus Christus ausspricht. Aber dennoch freue ich mich nach wie vor über jeden dieser Briefe. Das bedeutet keineswegs, daß mir keine Fehler mehr unterlaufen. Es kommt natürlich immer wieder vor, aber es ist doch die Ausnahme.

Die Gabe des Lehrens wird in jeder der drei wichtigsten Gabenlisten des Neuen Testaments erwähnt: Römer 12; 1. Korinther 12; Epheser 4. Das bedeutet nicht, daß diese Gabe wertvoller ist als eine Gabe, die nur einmal erwähnt wird, aber es deutet möglicherweise darauf hin, daß es sich beim Lehren um eine universelle Gabe handelt. Wenn auch jede Gemeinde eine andere Gabenkombination hat, so glaube ich, daß die Gabe des Lehrens in keiner Gemeinde fehlt.

Die Gabe der Lehrens kann in sehr verschiedenen Variationen auftreten. Manche Christen sind besonders befähigt, ihre Gabe des Lehrens im Umgang mit Kindern zu praktizieren. Meine Gabe ist mehr für Erwachsene, und Kinder halten mich – offen gestanden – für einen schrecklichen Langeweiler. Deshalb nehme ich niemals Einladungen an, vor Jugendlichen zu sprechen. Einige, die die Gabe des Lehrens haben, setzen sie dann am effektivsten ein, wenn sie einem einzelnen Menschen gegenübersitzen. Ich komme als

Mentor von Seminararbeiten und Dissertationen immer wieder in diese Situation, habe aber herausgefunden, daß es mir erstens keine Freude macht, und zweitens, daß viele meiner Fakultätskollegen für diese Aufgabe sehr viel begabter sind. Ich fühle mich am wohlsten, wenn ich ein Seminar von dreißig bis vierzig Studenten vor mir habe. Sobald die Teilnehmerzahl größer ist, sinkt meine Effektivität.

Einige setzen die Gabe des Lehrens in den Medien ein, zum Beispiel in Radio und Fernsehen. Andere nutzen ihre Gabe, indem sie Bücher schreiben, wieder andere empfinden das Schreiben als Hemmschuh und vermeiden, wenn irgend möglich, jedes schriftliche Wort. Einige lehren durch das Medium der Predigt, andere durch Musik oder das moderne Drama.

Wer die Gabe des Lehrens hat, ist davon gewöhnlich voll und ganz in Beschlag genommen. Im Unterschied zu Gaben, die nur gelegentlich gebraucht werden – wie Dämonenaustreibung, Unterscheidung der Geister etc. – wird die Gabe des Lehrens meist kontinuierlich eingesetzt und erfordert viel Zeit für Studium und Vorbereitung. Das trifft nicht nur für Leute wie mich zu, die das Lehren zu ihrem Beruf gemacht haben, sondern gilt genauso für ehrenamtliche Mitarbeiter, die in ihrer Gemeinde für Glaubenskurse, Gemeindebibelschule oder ähnliches verantwortlich sind. Solche Dienste lassen nicht viel Zeit für andere Gemeindeaktivitäten übrig.

Wer die Gabe des Lehrens hat, wendet gerne viel Zeit für die Vorbereitung der Stunden auf. Er denkt über Details nach, ordnet den Inhalt systematisch und stellt ihn immer wieder um. Er ist ständig auf der Suche nach Illustrationen, die seine Gedanken unterstreichen. Er verbringt viel Zeit, um visuelle Hilfsmittel vorzubereiten. Ich ertappe mich manchmal dabei, zwei oder drei Stunden an einer Overheadfolie zu arbeiten, die ich dann höchstens eine halbe Minute im Seminar einsetze. Aber wenn durch diesen Aufwand ein Sachverhalt klar ausgedrückt werden kann, ist es die Arbeit wert, und es gibt mir eine enorme Befriedigung.

Christen, die die Gabe des Lehrens haben, gehen mit ihren Schülern geduldig um. Sie schaffen eine Atmosphäre, in der sich andere frei genug fühlen, um die dümmsten Fragen zu stellen. Sie fühlen sich nicht bedroht, wenn Kritik aufkommt. All das sind Fähigkeiten, die nicht einfach lernbar sind. Es ist Teil der übernatürlichen Dimension, die zu jeder Geistesgabe gehört.

Wie fand ich heraus, daß ich die Gabe des Lehrens habe? Zuerst erkannte ich, daß diese Gabe eine biblische Möglichkeit ist, ich experimentierte damit, ich hatte Spaß daran, ich sah, daß mein Lehren etwas bewirkte – und schließlich: die Gabe wurde durch andere Christen bestätigt. Das ist der fünfte Schritt.

Schritt 5: Erwarten Sie Bestätigung durch den Leib Christi.

Wenn Sie denken, daß Sie eine bestimmte Gabe haben, aber außer Ihnen niemand in der Gemeinde so denkt – dann haben Sie sich wahrscheinlich getäuscht. Gaben müssen bestätigt werden.

An dieser Stelle kann es zu einem Konflikt zwischen dem dritten und dem fünften Schritt kommen. Gefühle (Schritt 3) sind wichtig, aber sie sind nicht unfehlbar. Sie mögen zum Beispiel den tiefen Wunsch haben, anderen Menschen zu helfen. Sie meinen zu spüren, daß Gott sie zum Seelsorgedienst berufen hat. Aber wenn Sie mit der Gabe experimentieren und herausfinden, daß niemand Ihre Hilfe in Anspruch nimmt, seine Freunde an Sie vermittelt oder Ihnen schreibt, wie sehr Sie ihm geholfen haben, dann haben Sie allen Grund, sich die ehrliche Frage zu stellen, ob Ihre Gefühle Sie nicht getäuscht haben. Die Bestätigung durch den Leib Christi ist eine wichtige Kontrolle für alle anderen Schritte.

Nach unserer Definition werden die Gaben des Geistes gegeben, um sie im Kontext des Leibes Christi einzusetzen. Deshalb ist es wichtig, daß die anderen Glieder des Leibes

Christi das letzte Wort haben, wenn es um die Bestätigung einer Gabe geht. Innerhalb des Leibes Christi sind wir einander verantwortlich, auch wenn uns das unbequem erscheint.
Die anderen Glieder des Leibes Christi müssen wissen, welche Gaben jeder Christ hat. Wenn Sie die Gabe der Organisation oder des Dienens oder des Evangelisten oder der Barmherzigkeit haben, aber niemand außer Ihnen davon weiß, dann kann es passieren, daß Sie träge werden und von Ihrer Gabe kaum Gebrauch machen. Aber sobald Ihre Gabe einmal bestätigt worden ist, werden Ihre Freunde von Ihnen erwarten, daß Sie Ihre Gabe praktizieren.
Einige Jahre lang glaubte ich die Gabe der Organisation zu haben. Von der Missionsgesellschaft, in der wir tätig waren, wurde ich überredet, die Administration zu übernehmen. Als ich mit dieser Tätigkeit begann, hatte ich viel Spaß daran – es schien also, als hätte ich an dieser Stelle eine Gabe. Vor meiner endgültigen Ernennung tauchte dann ziemlich viel Unstimmigkeit unter den Mitarbeitern auf. Die Abstimmung fiel nur ganz knapp zu meinen Gunsten aus. Jetzt wäre ein Seelsorger dringend notwendig gewesen, der mir hätte raten müssen, mich schleunigst aus der Verwaltung zurückzuziehen, um mich wieder ganz dem Lehren zu widmen. Aber entweder gab es einen solchen Menschen nicht, oder ich habe nicht richtig hingehört. Also blieb ich noch ein paar Jahre. Wie vorauszusehen, machte unsere Missionsgesellschaft unter meiner Leitung keine großen Fortschritte.
Als ich wieder zurück in die Vereinigten Staaten kam, fiel mir ein Buch meines Freundes Ted Engstrom in die Hände, in dem er darüber schreibt, was einen christlichen Leiter ausmacht. Beim Lesen wurde mir klar, daß ich niemals die Gabe der Organisation gehabt hatte. In diesem Fall bestätigte mir also ein anderes Glied des Leibes Christi, daß ich eine Gabe nicht besaß – und ich bin Ted Engstrom für diese Hilfe ausgesprochen dankbar.

Wie Sie Ihre Gaben finden können

In diesem Kapitel habe ich so viel von mir selbst erzählt, daß ich Ihnen dafür eine Erklärung schulde. Wie bereits viele Evangelisten erkannt haben, können persönliche Zeugnisse hilfreich sein, um andere Menschen zu motivieren. Sie sorgen für Fleisch und Blut, mit dem man sich identifizieren kann. So sehen Sie klarer, welche Schritte Sie unternehmen sollten, um Ihre geistlichen Gaben zu entdecken.

Ich weiß, daß dieser Ansatz nicht für jeden hilfreich ist, aber ich bin zuversichtlich, daß er einigen helfen kann. Lassen Sie mich an einem Beispiel zeigen, wie das Ganze funktionieren sollte. Ich möchte dazu aus einem Brief zitieren, den ich von dem erfolgreichen Gemeindeaufbau-Pfarrer Joe Harding bekommen habe. Hardings Gemeinde ist eine der größten und am schnellsten wachsenden Gemeinden im Nordwesten der Vereinigten Staaten, einer Gegend, die für wachsende Gemeinden nicht gerade bekannt ist. Joe Harding hatte an einem meiner Gemeindeaufbau-Seminare teilgenommen. Ein paar Tage nach meiner Vorlesung über geistliche Gaben schrieb er mir folgenden Brief:

„Ihr Seminar war für mich besonders hilfreich, weil ich eine wichtige Entscheidung zu fällen hatte. Kurz vor der Tagung wurde ich von unserer Kirchenleitung angerufen und gebeten, nach Nashville zu ziehen, um von dort aus ein neues Evangelisationsprogramm für unsere Kirche zu leiten. Sie sagten mir auch, daß ich ihre erste Wahl sei und ihnen sehr daran läge, daß ich diese Aufgabe übernähme. Ich kenne das angesprochene Evangelisationsprogramm sehr gut und bin begeistert davon.

Als ich die Sache jedoch gründlich durchdachte, wurde mir klar, daß meine Gaben nicht vorrangig auf dem Gebiet der Organisation liegen, sondern in der Verkündigung und Lehre und Seelsorge. Als ich meine persönlichen Gaben gegen die Anforderungen abwog, die diese anspruchsvolle Aufgabe mit sich brachte, fiel es mir leicht, das Angebot abzulehnen. Ich hatte den Eindruck, daß mich Gott dazu ermutigen

wollte, in meiner Gemeinde zu bleiben, um durch meine Arbeit zu zeigen, welche hervorragenden Möglichkeiten der Gemeindeaufbau auch in unserer Kirche hat.
Als ich das Angebot erhielt, befand ich mich eine Weile in seelischer Not, weil ich dachte, eine solch einmalige Gelegenheit dürfte ich mir nicht entgehen lassen. Doch Ihre Betonung der Freude, die durch das Praktizieren der Gaben zu finden ist, ließ mich die Sache aus einer völlig anderen Perspektive betrachten. Ich erlebe diese außerordentliche Freude, wenn ich Sonntag für Sonntag vor meiner Gemeinde stehe und predige. Ich weiß, daß es das ist, wozu Gott mich berufen hat. So kam Ihr Seminar genau zum richtigen Zeitpunkt – und ich möchte Ihnen sagen, daß ich dafür sehr dankbar bin."
Die Freude, die dieser Brief bei mir auslöste, kann nicht geringer gewesen sein als die, die Billy Graham spüren muß, wenn 3.000 Menschen bei seinen Evangelisationen nach vorne kommen. Heute kann ich Gott dafür danken, daß ich nicht der Billy Graham von Bolivien bin, für den ich mich einmal gehalten hatte. Gott hatte etwas viel Besseres – *für mich.* Er hat auch mit Ihnen ähnlich spannende Dinge vor.
Die Fortsetzung der obigen Geschichte ist die, daß Dr. George Hunter, der schließlich anstelle von Joe Harding nach Nashville ging, genau die Gabenkombination in sich vereint, die Joe Harding nicht hat. Hunter ist nicht der ruhige, zurückhaltende, pastorale Typ, der darin aufgehen kann, Sonntag für Sonntag vor derselben Gemeinde zu predigen. Er ist ein offensiver, flexibler und zielstrebiger Leitertyp, der ein Evangelisations- und Gemeindeaufbau-Programm durchziehen kann, ohne sich durch Gegenwind aus seiner Kirche beeindrucken zu lassen. Die Berufung Hunters kann für den Gemeindeaufbau in seiner Kirche noch entscheidende Bedeutung gewinnen. Und dies alles kam zustande, weil Gott es ist, der die Gaben verteilt – und sich in diesem Fall die verschiedenen Glieder des Leibes Christi auf das einließen, was Gott schon längst geplant hatte.

5. Der Pfarrer und seine Gabenkombination

Bis jetzt habe ich die Gaben des Geistes recht allgemein behandelt. Aber ohne diese Grundlagen ist es unmöglich, spezifisch darauf einzugehen, wie sich geistliche Gaben zum Gemeindeaufbau verhalten. Bislang lag der Hauptakzent mehr darauf, Wege zu skizzieren, wie der einzelne Christ und die einzelne Gemeinde zu geistlicher Gesundheit gelangen können. Natürlich ist es nötig, daß eine Gemeinde geistlich gesund ist, aber häufig wachsen Gemeinden deshalb nicht, weil sie Probleme haben, richtig mit den Gaben des Geistes umzugehen.

Der Pfarrer ist immer noch der Schlüssel

Eines dieser Problemfelder hat mit dem Pfarrer zu tun. Er ist die Schlüsselperson für den Gemeindeaufbau. Natürlich ist der Pfarrer nicht der einzige Faktor, der zu berücksichtigen ist, aber wahrscheinlich der wichtigste.
In diesem Punkt stimmen verschiedene Studien aus den unterschiedlichsten Kirchen überein. Aber es ist nur relativ wenig darüber zu erfahren, welche Voraussetzungen ein Pfarrer, der sich dem Gemeindeaufbau stellen will, mitbringen muß. Auch ich habe nicht alle Antworten, aber ich will wenigstens einige Eigenschaften, die ein Gemeindeaufbau-Pfarrer haben muß, beschreiben, indem ich sie im Kontext von geistlichen Gaben behandle. Es kann sein, daß meine Vorstellungen mit der Zeit – im Licht neuer Erkenntnisse – zu verändern sind. Ich hoffe, daß wir in naher Zukunft mehr darüber wissen, welche Ausrüstung ein Pfarrer benötigt, um eine wachsende Gemeinde leiten zu können. Hoffentlich werden wir dann die Pfarrerausbildung diesen Erfordernissen anpassen.
Es ist verständlich, wenn einige junge Pfarrer die These, sie seien der Schlüssel zum Gemeindeaufbau, weit von sich

weisen. Einige solcher Proteste mögen Ausdruck echter Demut sein. In den meisten Fällen scheint es sich aber eher so zu verhalten, daß Pfarrer sich deshalb gegen diese Aussage wehren, weil sie die ungeheure Verantwortung, die sie mit sich bringt, nicht tragen wollen oder können. Wie auch immer: Stärker als je zuvor setzt sich in der Kirche die Meinung durch, daß ein Pfarrer in der gleichen Weise die Verantwortung für das Wachsen oder Schrumpfen seiner Gemeinde übernehmen muß, wie zum Beispiel ein Pilot die Verantwortung dafür übernommen hat, das Flugzeug sicher ans Ziel zu steuern. Es ist zwar richtig, daß das Flugzeug ohne Flügel und ohne einen Motor nicht fliegen würde, aber das ändert nichts an der Tatsache, daß es der Pilot ist, der dafür sorgt, daß das Flugzeug von der Landebahn abhebt und sicher zum Zielflughafen gelangt.
Es stimmt, daß Jesus das Haupt der Gemeinde ist. Aber er wählt seine Unterhirten, die er zum Dienst ausrüstet. Zu einer Gemeinde mögen 100, 500 oder 5.000 Glieder gehören – in jedem Fall gibt es eine Person, die Jesus Christus, dem Haupt der Gemeinde, am direktesten verantwortlich ist, wenn es um die Gesundheit und das Wachstum der entsprechenden Gemeinde geht. Diese Person ist der Pfarrer.

Der Mythos vom Pfarrer als Alleskönner

Es gibt eine Auffassung von der Rolle des Pfarrers, die sich – obwohl längst überholt – in einigen Kreisen noch hartnäckig hält: Der Pfarrer sei von der Kirche dazu angestellt, alle anfallende Arbeit zu tun. Je besser der Pfarrer, desto mehr könnten sich die Gemeindeglieder entspannt zurücklehnen und die Zuschauerrolle übernehmen. Eine solche Sicht der Dinge ist nicht nur völlig veraltet, sie ist auch zutiefst unbiblisch.
Die Bibel sieht den Leib Christi als Organismus, an dem jeder Christ mit seiner geistlichen Gabe als Glied beteiligt ist. Der beste Pfarrer ist nicht derjenige, der die Gemeindeglieder aus ihrer Verantwortung entläßt, sondern der sich

darum kümmert, daß jedes Glied die Aufgabe, die ihm von Gott zugewiesen ist, ausführt.

Der Pfarrer ist eines von vielen Gliedern. Er ist nicht das Haupt (dieser Platz ist Jesus allein vorbehalten), aber er mag mit dem Nervensystem vergleichbar sein, das Botschaften vom Haupt zu den einzelnen Gliedern des Leibes trägt und dafür sorgt, daß die Glieder harmonisch zusammenarbeiten. Viele Gemeindeglieder erkennen dies nicht an. Wenn sie schon nicht erwarten, daß der Pfarrer alles tut, so erwarten sie doch zumindest, daß er das meiste tut. In der Vorstellung vieler Kirchenmitglieder hat der Pfarrer eine ganze Reihe von Erwartungen zu erfüllen: Er muß ein hervorragender Redner sein, ein begabter Seelsorger, ein theologischer Gelehrter, „Public Relations“-Fachmann, Organisator, Sozialarbeiter, Moderator, Evangelist, Lehrer, Begräbnis-Spezialist – und zu allem nur erdenklichen mehr begabt, außer vielleicht zum Wandeln auf dem Wasser. Dieser „omnipotente“ Pfarrer ist es, nach dem Hunderte von Gemeindeleitungen Ausschau halten.

Natürlich finden sie ihn nicht. Jeder, der sich mit den Gaben des Geistes beschäftigt hat, könnte das von vornherein wissen. Niemand am Leib Christi hat alle Gaben, auch der Pfarrer nicht. Wenn diese einfache Tatsache jedoch übersehen wird, macht sich Enttäuschung breit. Solche Enttäuschung ist unnötig. Sie könnte gemindert werden, wenn die entsprechenden Stellen auf der Basis von geistlichen Gaben ausgeschrieben wären.

Aber welche Gaben muß ein Pfarrer haben, um erfolgreich Gemeindeaufbau betreiben zu können? Es ist angebracht, zunächst einmal die Gegenfrage zu stellen: Welche Gaben sind für einen Gemeindeaufbau-Pfarrer *nicht* notwendig? Nach meiner Auffassung kann man lediglich auf zwei Gaben nicht verzichten, wenn die Gemeinde wachsen soll. Die übrigen 25 Gaben können sinnvoll sein, sind aber nicht notwendig. Deshalb brauchen wir hier nicht alle 25 zu besprechen. Ich möchte an dieser Stelle lediglich auf vier eingehen, weil es viele Leute gibt, die fälschlicherweise davon ausgehen, daß ein Gemeindeaufbau-Pfarrer genau diese braucht. Ich meine die Gabe des Hirtendienstes, die Gabe der Seelsorge, die Gabe des Evangelisten und die Gabe der Organisation.

* Die Gabe des Hirtendienstes

Einige Christen finden es seltsam, wenn sie zum ersten Mal hören, daß ein erfolgreicher Pfarrer nicht die Gabe des Hirtendienstes benötigt. Tatächlich ist es so, daß sehr wenige Pfarrer wachsender Gemeinden die Gabe des Hirtendienstes haben. Wenn sie sie hätten, würden sie mit ziemlicher Sicherheit mit ihrer Gemeinde nicht da stehen, wo sie heute sind. Und Pfarrer, die in einer großen Gemeinde tätig sind und gleichzeitig die Gabe des Hirtendienstes haben, erleben sie häufig als Quelle ständiger Frustration. Wenn mit dieser Gabe nicht richtig umgegangen wird, kann sie ein ausgesprochenes Gemeindeaufbau-Hindernis sein, wie wir gleich sehen werden. Doch zunächst einmal: Was ist die Gabe des Hirtendienstes?

Die Gabe des Hirtendienstes ist eine besondere Fähigkeit, die Gott einigen Gliedern am Leib Christi gibt, die sie befähigt, langfristig persönliche Verantwortung für das geistliche Wohl einer Gruppe von Gläubigen zu übernehmen.

Der „Hirte" einer Gruppe von Christen ist diejenige Person, die unter Jesus, dem „Oberhirten", Verantwortung für Lehre, persönliche Begleitung, Bewahrung der Einheit, Herausfinden der Geistesgaben und viele andere Dinge trägt, die Christen dabei helfen, in ihrem Glauben zu wachsen.
Da die lateinische Übersetzung des Wortes Hirte „Pastor" heißt, ist oft der Eindruck entstanden, als sei die Gabe des Hirtendienstes für einen Pastor entscheidend. Wir müssen aber zwischen dem Amt des Pastors und der Gabe des Hirtendienstes unterscheiden. Wenn wir vom „Pastor" sprechen, meinen wir fast immer das Amt. Indessen: Nicht

jeder, der das Amt eines Pastors hat, braucht dazu die geistliche Gabe des Hirtendienstes. Umgekehrt gibt es viele Menschen, die die Gabe des Hirtendienstes haben, aber keine Pastoren sind.

Nebenbei sei bemerkt, daß „Predigen" nicht als geistliche Gabe aufgeführt ist. Unter Umständen könnte man auch das für eine geistliche Gabe halten, aber ich habe den Eindruck, daß das genauso wenig bringt, als wenn „Filme drehen", „Radiosendungen herstellen" oder „Schreiben" als Geistesgaben bezeichnen würden. Dies alles sind Kommunikations-Medien, die für das Ausüben aller möglichen Gaben eingesetzt werden können. Durch die Predigt üben zum Beispiel manche Christen ihre Gabe der Evangelisation aus, andere ihre Gabe des Lehrens, andere ihre Gabe des Glaubens, andere ihre Gabe der Heilung usw. Von Leuten, die das Amt des Pastors ausüben, erwarten wir in der Regel gute Predigten – zu Recht. Aber viele, wenn nicht sogar die meisten Menschen mit der Gabe des Hirtendienstes werden keine vollendeten Prediger sein. Während Prediger dazu neigen, die Aufmerksamkeit anderer auf sich selbst zu ziehen, wollen Menschen mit der Gabe des Hirtendienstes ihr Augenmerk vor allem auf andere richten.

Obwohl die Gabe des Hirtendienstes häufig gekoppelt mit der Gabe des Lehrens auftritt (vgl. Eph 4,11), können beide Gaben auch unabhängig voneinander gegeben werden. Es ist zwar richtig, daß Lehren immer ein Teil der Verantwortung derjenigen ist, die die Gabe des Hirtendienstes haben, aber dazu reicht in der Regel das Ausüben der christlichen Universalrolle, ohne daß die besondere Gabe des Lehrens erforderlich wäre. Umgekehrt: Auch wenn der Lehrer nur eine ganz lose Beziehung zu seinen Schülern hat, kann seine Lehre hervorragend sein. Der Hirtendienst jedoch erfordert eine viel persönlichere und langfristigere Beziehung. Keine Gemeinde stellt einen Mitarbeiter nur für eine Woche ein, um den Hirtendienst zu versehen – wie dies bei einem Evangelisten, Bibellehrer oder Gemeindeaufbau-Berater gang und gäbe ist. Ein Lehrer braucht nicht unbedingt men-

schenbezogen zu sein, ein Hirte ist extrem menschenbezogen.
Wenn wir erst einmal verstanden haben, daß der Pfarrer nicht notwendigerweise die Gabe des Hirtendienstes hat, eröffnet sich für ehrenamtliche Mitarbeiter eine großartige Möglichkeit, ihre Gabe des Hirtendienstes zum Einsatz zu bringen. In den meisten Gemeinden wurde die Gabe des Hirtendienstes bei vielen Mitarbeitern nur deshalb noch nicht entdeckt, weil niemals danach gefragt wurde. Es wird einfach davon ausgegangen, daß dies zu den Aufgaben des Pfarrers gehöre. Aus bloßer Unwissenheit kann so der Gemeindeaufbau blockiert werden, ohne daß sich jemand über den Grund bewußt wäre.
Ich glaube, daß die Gabe des Hirtendienstes sehr weit verbreitet ist. Es gibt wahrscheinlich keine einzige Gemeinde, deren Gabenkombination die Gabe des Hirtendienstes nicht enthielte. Im Neuen Testament finden sich viele Beispiele, wie Gott jede Gemeinde mit Hirten und Ältesten versorgte.

Wie viele Christen haben die Gabe des Hirtendienstes?

Nehmen wir als Beispiel die Gemeinde A. In dieser Gemeinde werden die Gottesdienste von wöchentlich etwa 200 Christen besucht. Seit Jahren stagniert diese Zahl. Der Pfarrer dieser Gemeinde hat die Gabe des Hirtendienstes.
Auf der anderen Seite haben wir die Gemeinde B mit ebenfalls 200 Gottesdienstbesuchern. Auch an dieser Zahl hat sich seit Jahren nichts geändert. Aber in dieser Gemeinde besitzt der Pfarrer nicht die Gabe des Hirtendienstes.
Weil der Pfarrer der Gemeinde A die Gabe hat und sie auch gerne einsetzt, nimmt er sich sehr viel Zeit für Besuche, Gruppen und geselliges Beisammensein. Er ist mehr menschen- als aufgabenorientiert. Wahrscheinlich verwendet er nur ein Minimum seiner Zeit – wenn überhaupt – darauf, Ziele für den Gemeindeaufbau auszuarbeiten und darüber

nachzudenken, wie sie in praktische Pläne umgesetzt werden können. Unter Umständen lehnt er ein solches Gemeindeaufbau-Programm sogar ab, weil es ihn schon jetzt bekümmert, daß er für seine 200 Christen zu wenig Zeit hat. Selbst ein vollzeitlich arbeitender „Hirte" kann lediglich 50-100 Familien betreuen; und Gemeinde A hat bereits die obere Grenze erreicht.
Wenn der Pfarrer der Gemeinde A davon ausgeht, daß er allein der Hirte seiner Herde zu sein hat, ist die Wahrscheinlichkeit groß, daß diese Gemeinde niemals wachsen wird. Ganz gleich, wie engagiert er in seinen Predigten auch dazu aufrufen mag, die Randsiedler der Gemeinde anzusprechen und Außenstehende für Christus zu gewinnen – er selbst ist einer der Gründe, warum das nicht geschieht. Dahinter steckt natürlich in keinster Weise eine falsche Absicht. Eine solche Haltung ergibt sich aus dem aufrichtigen Wunsch, seine Gabe für den Herrn einzusetzen. Diese Pfarrer haben wahrscheinlich ständig den Eindruck, daß sie ihre Herde besser weiden könnten, wenn sie kleiner wäre. Deshalb kann man von ihnen nicht erwarten, daß sie sich begeistert auf ein Gemeindeaufbau-Programm einlassen.
Wie sieht es mit Gemeinde B aus? Wenn der Pfarrer, der die Gabe des Hirtendienstes nicht hat, trotzdem versucht, die Aufgabe des Hirtendienstes allein wahrzunehmen, wird die Gemeinde wahrscheinlich binnen kürzester Zeit zu schrumpfen beginnen. Bei einem solchen Pfarrer kann davon ausgegangen werden, daß er sich bemüht, seinen Zeitplan mit allen möglichen anderen gemeindlichen Aktivitäten auszufüllen, so daß ihm wenig Zeit für die Aufgabe des Hirtendienstes bleibt. Vielleicht sitzt er lieber stundenlang an der Ausarbeitung einer Predigt, als daß er Krankenbesuche macht. Oder er mag viel Zeit für organisatorische Einzelheiten verwenden – und nur selten für seelsorgerliche Gespräche zur Verfügung stehen. Wenn so die Aufgabe des Hirtendienstes permanent vernachlässigt wird, ist die Gesundheit der Gemeinde gefährdet und ihr Schrumpfen sozusagen vorprogrammiert.

Bei einem genauen Vergleich beider Gemeinden ist jedoch festzustellen, daß Gemeinde B ein größeres Potential für Wachstum hat als Gemeinde A. Wenn nämlich der Pfarrer der Gemeinde B zu der Einsicht kommt, daß Gott andere Menschen in der Gemeinde mit geistlichen Gaben dazu ausgerüstet hat, den Hirtendienst zu tun, so könnte er sich begeistert darauf einlassen. Andererseits: Wenn jemand den gleichen Vorschlag dem Pfarrer der Gemeinde A unterbreiten würde, könnte dieser sich leicht bedroht fühlen. Weil er auf diesem Gebiet seine geistliche Gabe hat, liebt er die Aufgabe des Hirtendienstes über alles und hat überhaupt kein Interesse daran, davon befreit zu werden, um sich anderen Aufgaben zu widmen. Der Pfarrer der Gemeinde B dagegen würde es wahrscheinlich als große Erleichterung empfinden, wenn er die Aufgabe des Hirtendienstes delegieren könnte. Er könnte sich in diesem Fall voll den Aufgaben zuwenden, die ihm Freude machen.
Wenn Sie ein Pfarrer sind, der die Gabe des Hirtendienstes nicht hat, dann hören Sie gut zu! Ihre Gemeinde ist bereits mit Gaben des Hirtendienstes ausreichend ausgestattet, und zwar von Gott selbst. Aber Gott ist darauf angewiesen, daß Sie sich darum kümmern, diesen Gaben zum Einsatz zu verhelfen. Sie haben als Pfarrer eine entscheidende Leitungsfunktion in Ihrer Gemeinde übernommen. Bei 200 aktiven Christen können Sie damit rechnen, daß Gott etwa sechs bis acht Menschen mit der Gabe des Hirtendienstes ausgerüstet hat, deren Leben reicher und erfüllter werden kann, wenn sie zum Einsatz ihrer Gabe ermutigt und entsprechend angeleitet werden. Diese Leute werden die Schafe besser weiden können, als es Ihnen möglich ist.

Hirten und Hauskreise

Jede Gemeinde, die wachsen will, wird eine Struktur von Zellgruppen oder Hauskreisen entwickeln. In Hauskreisen ist es ganz natürlich, daß viel von dem praktiziert wird, was zur Aufgabe des Hirtendienstes gehört. Die spezielle Gabe

des Hirtendienstes muß dafür nicht unbedingt vorhanden sein. Je besser die Hauskreise funktionieren, desto weniger werden diejenigen, die die Gabe des Hirtendienstes haben, von den Hauskreismitgliedern in Anspruch genommen.
Als Faustregel gilt: Wenn ungefähr 50 Prozent der Gottesdienstbesucher in Hauskreise integriert sind, kann davon ausgegangen werden, daß etwa drei bis vier Prozent der erwachsenen Hauskreisteilnehmer die Gabe des Hirtendienstes haben. Jeder dieser Mitarbeiter kann 12-15 Familien übernehmen. Wenn jedoch die Hauskreisarbeit nicht funktioniert, sollten Christen mit der Hirtengabe höchstens acht bis zehn Familien zugewiesen werden.
Ein solches System funktioniert hervorragend in der „Gardon Grove Community Church". Ihr Pfarrer, Robert Schuller, hat, wie die meisten Pfarrer von großen, wachsenden Gemeinden, nicht die Gabe des Hirtendienstes. Wenn er dazu neigen würde, schlaflose Nächte zu verbringen, weil er sich ständig um das persönliche und geistliche Wohlergehen von jedem einzelnen seiner 9.000 aktiven Gemeindeglieder sorgen würde, wäre er wahrscheinlich längst in einer Gummizelle gelandet. Er hätte gar nicht mehr die Energie, große Träume zu träumen, wie zum Beispiel vom Neubau einer größeren Kirche oder von neuen Fernsehproduktionen oder vom Aufbau eines professionellen Seelsorgedienstes oder von der Gründung neuer Gemeinden.
Aber ein Grund, warum die „Gardon Grove Community Church" seit über zwanzig Jahren kontinuierlich wächst, liegt darin, daß der Hirtendienst in dieser Gemeinde hervorragend funktioniert. Es gab eine Zeit, in der Schullers Gemeinde dem Gemeindetyp B glich: Sie hatte 200 Gemeindeglieder und einen Pfarrer, der die Gabe des Hirtendienstes nicht besaß. Der einzige Unterschied lag darin, daß die Zahl der Gemeindeglieder niemals stagnierte, denn Robert Schuller wußte: Wenn er nicht in der Lage ist, die Aufgabe des Hirtendienstes wahrzunehmen, muß er jemand anderen dafür finden. Er richtete deshalb ein Trainingsprogramm ein, das seinen Gemeindegliedern dabei half, ihre geistli-

chen Gaben zu entdecken und einzusetzen: Evangelisation, Gastfreundschaft, Lehren, Hirtendienst und anderes mehr. Derzeit hat die Gemeinde 529 gut geschulte Laienmitarbeiter, die die Aufgaben des Hirtendienstes und der Seelsorge übernommen haben. Jeder dieser Mitarbeiter ist verantwortlich für acht bis zehn Familien.

* Die Gabe der Seelsorge

Die Gabe der Seelsorge ist wie die Gabe des Hirtendienstes eine menschenorientierte Gabe. Sie kann auf zwei Weisen ausgeführt werden: Erstens durch Predigt und Lehre oder in einer Gruppensituation, und zweitens durch persönliche Beratung, in der auf die Bedürfnisse eines spezifischen Menschen zu einem spezifischen Zeitpunkt eingegangen wird. Die Gabe der Seelsorge unterscheidet sich von der Gabe des Hirtendienstes dadurch, daß mit dem Dienst der Seelsorge keine langfristige Bindung zu der entsprechenden Gruppe oder Einzelperson eingegangen werden muß. Wer die Gabe der Seelsorge hat, kümmert sich für einen begrenzten Zeitraum um das persönliche und geistliche Wohlergehen eines anderen Menschen – dann wendet er sich dem nächsten zu. Die Gabe der Seelsorge kann auch gegenüber relativ fremden Menschen praktiziert werden; die Gabe des Hirtendienstes nicht. Seelsorge und Hirtendienst können natürlich Teil der Gabenkombination derselben Person sein, und vielleicht ist dies sogar häufig der Fall. Auf diesem Gebiet haben wir allerdings noch keine Untersuchungen gemacht.

Die Gabe der Seelsorge ist eine besondere Fähigkeit, die Gott einigen Gliedern am Leib Christi gibt, die sie befähigt, anderen Gliedern des Leibes Christi durch Trost, Ermahnung und Ermutigung in einer Weise zu dienen, daß diese Hilfe und Heilung erfahren.

Das bekannteste biblische Beispiel für einen Menschen mit dieser Gabe ist Barnabas, der als Mitarbeiter von Paulus

erwähnt wird und bezeichnenderweise den Beinamen „Sohn des Trostes" hatte (Apg 4,36). Es war Barnabas, der Paulus unter seine Fittiche nahm, als die anderen Apostel die Echtheit von Paulus' Bekehrung in Frage stellten. Es war Barnabas, der das Potential in Johannes Markus erkannte und sich um ihn kümmerte, als Paulus ihn abgelehnt hatte.
Alle Christen haben natürlich als ihre Universalrolle die Aufgabe, sich seelsorgerlich umeinander zu kümmern. In Hebräer 3,13 heißt es: „Ermahnt euch selbst jeden Tag." Aber darüber hinaus sollten die Christen mit der speziellen Gabe der Seelsorge in der Gemeinde bekannt sein, so daß andere, die sich mit einem persönlichen Problem herumschlagen, wissen, bei wem sie Hilfe finden können.
Der Pfarrer selbst braucht nicht notwendigerweise die Gabe der Seelsorge, um seiner Gemeinde zum Wachstum zu verhelfen. Diese Gabe könnte sich bei ihm sogar als Gemeindeaufbau-Hindernis auswirken, ähnlich, wie wir es bei der Gabe des Hirtendienstes gesehen haben. Wegen der starken Betonung der „klientenzentrierten Gesprächsführung" in den sechziger Jahren neigen viele Pfarrer, die nicht die Gaben des Hirtendienstes und der Seelsorge haben dazu, ihre Universalrolle an diesen Stellen überzubetonen. Viele der so geprägten Pfarrer haben Angst, Menschen mit dem Anspruch des Evangeliums zu konfrontieren und sie zu einer Entscheidung für Christus zu bewegen.

* Die Gabe der Organisation

Zwei weitere Gaben, die oft fälschlicherweise von Pfarrern erwartet werden, sind die Gabe des Evangelisten und die Gabe der Organisation. Von der Gabe des Evangelisten wird im nächsten Kapitel die Rede sein, hier möchte ich zunächst die Gabe der Organisation erläutern.
Ich spreche bewußt von der „Gabe der Organisation" anstatt von der „Gabe des Regierers", wie die Lutherbibel die Stelle in 1. Korinther 12,28 übersetzt. Eine andere griechische Wendung, die in der Gabenliste von Römer 12 (Vers 8)

genannt und von Luther ebenfalls als „Regieren“ übersetzt wird, übersetze ich mit „Gabe der Leitung“. Mit anderen Worten: Ich mache eine Unterscheidung zwischen der Gabe der Organisation und der Gabe der Leitung. Nach meiner Meinung kommt ein Gemeindeaufbau-Pfarrer ohne die Gabe der Organisation aus, nicht aber ohne die Gabe der Leitung.

Die Gabe der Organisation ist eine besondere Fähigkeit, die Gott einigen Gliedern am Leib Christi gibt, die sie befähigt, die kurz- und langfristigen Ziele für einen Teilbereich der Gemeindearbeit zu verstehen und effektive Pläne zu entwerfen, diese Ziele zu erreichen.

Das griechische Wort für Organisator könnte auch mit „Steuermann“ übersetzt werden. Der Steuermann ist dafür zuständig, daß das Schiff an seinen Bestimmungsort kommt. Das ist ein gutes Bild für einen Menschen, dem Gott die Gabe der Organisation gegeben hat. Der Steuermann steht zwischen dem Eigentümer des Schiffes und der Mannschaft. Der Eigentümer des Schiffes trifft die grundlegenden Entscheidungen, was der Zweck der Reise ist, wohin das Schiff fahren soll und was zu geschehen hat, wenn es am Zielhafen angekommen ist. Er kümmert sich ebenfalls darum, daß ein Steuermann angeheuert wird und er überzeugt sich von den Fähigkeiten des Steuermannes. Auf der anderen Seite nimmt die Mannschaft Befehle vom Steuermann entgegen und führt die Arbeiten aus, die notwendig sind, um das Schiff zum Bestimmungshafen zu bringen. Wenn während der Fahrt Schwierigkeiten auftauchen, wird der Schiffseigentümer nicht damit belästigt, es sei denn, es handelt sich um einen Notfall. Normalerweise kann vom Steuermann erwartet werden, alle notwendigen Entscheidungen zu treffen und aufkommende Probleme zu lösen. Der Pfarrer einer wachsenden Gemeinde ist mit dem Inhaber des Schiffes vergleichbar. Er muß wissen, wohin das Schiff fahren soll und was der Zweck der Reise ist. Er muß

einen Steuermann ausfindig machen und eine Mannschaft zusammenstellen. Aber er braucht und will gar nicht gleichzeitig auch Steuermann sein.
Pfarrer mit der Gabe der Organisation können es genießen, stundenlang im Büro zu sitzen, geschäftliche Angelegenheiten der Gemeinde zu regeln, mit Mitarbeitern umzugehen, Telefonanrufe zu erledigen, Verhandlungen zu führen und Briefe zu diktieren. Aber auch Pfarrer, die an keiner dieser Tätigkeiten Freude haben, brauchen nicht zu verzweifeln. In kleinen Gemeinden wird Gott vielleicht ehrenamtliche Mitarbeiter zur Verfügung stellen, die die Gabe der Organisation haben und sie liebend gern für die Gemeinde einsetzen. Manchmal schenkt Gott eine Gemeindesekretärin mit dieser Gabe. In größeren Gemeinden kann es nötig sein, einen Hauptamtlichen mit dieser Gabe einzustellen.

* Die Gabe des Glaubens

Wenn 25 der in diesem Buch behandelten 27 Gaben für einen erfolgreichen Gemeindeaufbau-Pfarrer nicht wichtig sind, dann müssen die verbleibenden zwei Geistesgaben, die er braucht, von großer Bedeutung sein. Es handelt sich dabei um die Gabe des Glaubens und die Gabe der Leitung.

Die Gabe des Glaubens ist eine besondere Fähigkeit, die Gott einigen Gliedern am Leib Christi gibt, die sie befähigt, mit einem außergewöhnlichen Maß an Zuversicht den Willen Gottes für die zukünftige Entwicklung der Arbeit zu erkennen.

Christen mit der Gabe des Glaubens sind gewöhnlich mehr an der Zukunft als an der Vergangenheit interessiert. Sie sind zielorientierte Menschen, die nicht vor Schwierigkeiten zurückschrecken, sondern immer das Potential sehen, daß in einem Menschen oder einer Sache steckt. Sie können Gott vertrauen, daß er Berge versetzt, wie es in 1. Korinther 13,2 heißt. Sie können wie Noah auf trockenem Grund eine

Arche bauen, und lassen sich weder durch Kritik noch durch Spott von ihrer festen Erwartung abbringen, daß Gott die Flut kommen lassen wird.
Menschen mit der Gabe des Glaubens sind schnell durch Kritik zu verärgern, viel leichter als zum Beispiel Christen mit der Gabe des Lehrens. Sie können es einfach nicht verstehen, daß sie jemand kritisiert, weil sie die felsenfeste Gewißheit haben, daß das, was sie tun, Gottes Willen entspricht. Sie neigen dazu, Kritik an ihrer Person als Kritik an Gott auszulegen, und deshalb werden sie oft ungeduldig mit christlichen Freunden, die mit ihrem Stil nicht zurechtkommen. Es ist typisch für Menschen mit der Gabe des Glaubens, daß sie Schwierigkeiten haben, ein bestehendes System zu akzeptieren, wenn dieses System sich als Hemmschuh für neue Aufbrüche erweist. Gewöhnlich haben diese Christen außergewöhnlich viel Mut, weil sie sich sehr eng mit Gottes Zielen verbunden fühlen. „Wenn Gott für uns ist, wer könnte wider uns sein?“ (Röm 8,31)
Alle mir bekannten Pfarrer von großen, wachsenden Gemeinden haben diese Gabe. Manchmal werden sie „Visionäre“ oder „Innovatoren“ genannt. Sie sehen, wo Gott sie hinführen will, auch wenn sie noch keine Ahnung haben, auf welchem Weg sie dorthin gelangen werden.
Oft haben diese Menschen mit einer besonderen Versuchung zu kämpfen, über die sie sich selbst ebenso klar sein müssen wie diejenigen, mit denen sie zu tun haben: Sie neigen wie kaum ein anderer zur Gabenprojektion. Von Menschen mit der Gabe des Glaubens, die Außerordentliches erreicht haben, kann man häufig Worte wie diese hören: „Wenn du nur machst, was ich tue, dann wirst du das erreichen, was ich erreicht habe. Es ist so einfach!“

* Die Gabe der Leitung

Die Gabe des Glaubens läßt den Gemeindeaufbau-Pfarrer wissen, wohin er gehen soll. Die Gabe der Leitung läßt ihn wissen, wie er dorthin gelangt.

Die Gabe der Leitung ist eine besondere Fähigkeit, die Gott einigen Gliedern am Leib Christi gibt, die sie befähigt, in Übereinstimmung mit Gottes Absichten für die Zukunft seiner Gemeinde Ziele zu setzen und diese Ziele anderen so zu vermitteln, daß sie freiwillig und in Harmonie zusammenarbeiten, um zur Ehre Gottes diese Ziele zu erreichen.

Leiter brauchen Nachfolger. Wenn die Leiterschaft auf einer geistlichen Gabe beruht (im Gegensatz zu mancher gesetzlichen Macht), dann geschieht diese Nachfolge freiwillig. Obwohl umsichtige Leiter ihren Nachfolgern nie zu weit vorausgehen, gehen sie doch immer voran. Echte Leiter manipulieren andere Menschen nicht. Man hat Vertrauen zu ihnen, daß sie wissen, wohin sie gehen werden, und was der nächste Schritt ist. Die meisten Menschen sind auf solche Leiter angewiesen.

Die besten Leiter sind solche, die entspannt an eine Sache herangehen. Sie wissen, was getan werden muß, und sie wissen auch, daß sie es nicht selber tun können. So entwikkeln sie Begabungen auf dem Gebiet der Delegation. Viele Leiter hassen Verwaltungsarbeit, und so sorgen sie dafür, daß diese Verantwortung von Menschen wahrgenommen wird, die eine andere Gabenkombination haben. Pfarrer von wachsenden Gemeinden sind eher „Rancher" als „Hirten". Auch Rancher achten darauf, daß ihre verschiedenen Herden die Betreuung bekommen, die sie benötigen. Aber sie veranlassen andere, dies zu tun. Sie selbst zeigen oft wenig persönliches Interesse für die Probleme des einzelnen Schafes. Pfarrer, die das Hirtenmodell bevorzugen, werden sich mit kleinen Gemeinden zufriedengeben müssen, und dies wird Gottes Willen für sie entsprechen. In einem solchen Fall reicht ihre Universalrolle des Leitens vollkommen aus – sie brauchen dazu keine spezielle Geistesgabe. Auf der anderen Seite haben Gemeinden mit Pfarrern, die dem Rancher-Modell entsprechen, sehr viel mehr Wachstumspotential. Gott aber liebt beide, Hirten wie Rancher.

Es braucht Zeit, bis sich ein bestimmter Leitungsstil in einer

Gemeinde etabliert hat, selbst wenn der Pfarrer die Gabe der Leitung hat. Dies ist einer der Gründe, warum es für den Gemeindeaufbau wichtig ist, daß ein Pfarrer möglichst lange in der Gemeinde bleibt. Ein gemeinsamer Faden, der sich durch die Zeugnisse fast aller erfolgreichen Gemeindeaufbau-Pfarrer zieht, ist folgender: Sie empfanden ihren Ruf in eine Gemeinde als einen Ruf auf Lebenszeit. Die produktivsten Jahre eines Pfarrers beginnen gewöhnlich erst nach den ersten vier bis sechs Amtsjahren.

Pfarrerausbildung und Geistesgaben

Wenn der Pfarrer die Schlüsselfigur für den Gemeindeaufbau ist, dann wird die Frage der Pfarrerausbildung hochbrisant. Keine der mir bekannten Ausbildungsgänge für Pfarrer baut konsequent auf der Grundlage von geistlichen Gaben auf. Eines der Hauptprobleme in der Pfarrerausbildung liegt darin, daß Christen, die mit der Ausbildung beginnen, in der Regel ihre geistlichen Gaben noch nicht entdeckt haben. Weil sie selbst noch nicht in dem Dienst standen, auf den ihre Ausbildung sie vorbereiten soll, können sie nicht wissen, ob sie die Gabenkombination haben, die für den Beruf des Pfarrers notwendig ist. Keine Ausbildungsstätte fragt nach den geistlichen Gaben der Bewerber. Man nimmt automatisch an, daß das Absolvieren eines vorgeschriebenen Studiums mit den dazugehörigen Examina die Voraussetzungen dafür schaffen wird, daß geeignete Pfarrer herangebildet werden, ganz gleich, wie deren Gabenkombination aussehen mag.

Die Sache verkompliziert sich noch dadurch, daß an den meisten Ausbildungsstätten nicht Pfarrer mit Berufserfahrung lehren, sondern Gelehrte. Das Modell, an dem sich viele Studenten orientieren, ist also das eines Gelehrten. Häufig sind junge Pfarrer völlig überrascht, wenn sie entdekken, daß ihre Gemeindeglieder an den Gelehrtenproblemen, über die sie ihre Seminararbeiten geschrieben haben, nicht allzusehr interessiert sind. Sie spüren, wie ungenügend sie dazu ausgebildet wurden, Konflikte zu bewältigen, Seelsorge zu üben, zerbrochene Ehen zu heilen, die Gesundheit ihrer Gemeinde zu analysieren oder ein Gemeindeaufbau-Programm für die nächsten fünf Jahre zu entwikkeln.

Wie kann diesem Dilemma abgeholfen werden? Ich gehe davon aus, daß das Gesamtprogramm für die Pfarrerausbildung auf mindestens 15 Jahre erweitert werden sollte. Es gäbe dann nur Halbtags-Studierende. Sie würden sich ihren Lebensunterhalt durch Mitarbeit in einer Gemeinde verdienen, in der sie die Gelegenheit hätten, ihre Gabenkombination für den späteren Dienst zu testen. Es wäre also ein sehr selbständiges Studium angesagt, das immer wieder durch zwei- oder dreiwöchige Intensiv-Seminare ergänzt würde.

Außerdem sollten für Gemeindepraktika neue Richtlinien erarbeitet werden. Einigen Gemeinden gelingt es hervorragend, Studenten in ihren Mitarbeiterstab zu integrieren. Die theoretische Ausbildung wird durch den praktischen Einsatz unter der Aufsicht des Pfarrers und einiger begabter Mitarbeiter ergänzt. Solche Praktika sollten intensiviert und ausgebaut werden, aber nur in Gemeinden, die konsequent Gemeindeaufbau betreiben. Praktika in stagnierenden oder schrumpfenden Gemeinden können dagegen das genaue Gegenteil bewirken. Es besteht die Gefahr, daß der ungesunde Zustand dieser Gemeinde als normal betrachtet wird, besonders dann, wenn der Pfarrer die Fähigkeit entwickelt hat, das ausbleibende Wachstum mit biblischen und theologischen Argumenten zu rechtfertigen.

Ich bin nicht so naiv anzunehmen, daß diese Vorschläge von den etablierten Ausbildungsstätten mit offenen Armen begrüßt werden. Das derzeitige Verfahren ist zu tief eingewurzelt. Aber wer weiß, vielleicht kommen ja doch bald bessere Tage.

6. Die Gabe des Evangelisten

Für jede einzelne Körperfunktion gibt es primäre und sekundäre Organe. Wenn dies für den physischen Leib zutrifft, dann glaube ich nicht, daß wir das Bild von Gemeinde als Leib Christi überstrapazieren, wenn wir davon ausgehen, daß der Leib Christi zur Erfüllung bestimmter Funktionen ebenfalls mit primären und sekundären Organen ausgestattet ist.

Denken wir zum Beispiel an die Fortpflanzung. Das ist die körperliche Funktion, die sich am ehesten mit der Evangelisation vergleichen läßt. Für die Fortpflanzung ist offensichtlich der Uterus das Primärorgan. Aber der vollkommenste Uterus ist für die Fortpflanzung nutzlos, wenn nicht gleichzeitig das Verdauungssystem, das Atmungssystem, das Nervensystem und der Blutkreislauf funktionieren würden. Obwohl der Uterus das Primärorgan für die Fortpflanzung ist, wäre er ohne die Aktivität der sekundären Organe wertlos.

Wie man diese Zusammenhänge auf geistliche Gaben übertragen kann, ist offensichtlich: Die Gabe des Evangelisten ist das Primärorgan, das Gott für die Fortpflanzung vorgesehen hat. Aber die beste Evangelistengabe wird den Gemeinden nicht zu Wachstum verhelfen, wenn die anderen Glieder des Leibes, die sekundären Organe im Gemeindeaufbau, nicht ebenso funktionieren.

* Die Gabe des Evangelisten

Die Gabe des Evangelisten wird in Epheser 4,11 erwähnt. Im Kontext dieses Verses ist, wie schon an früherer Stelle ausgeführt, vom „Amt" des Evangelisten die Rede. Aber da in derselben Gabenliste davon ausgegangen wird, daß der Prophet die Gabe der Prophetie, der Apostel die Gabe des Apostels und der Lehrer die Gabe des Lehrens hat, ist vernünftigerweise anzunehmen, daß auch der Evangelist die geistliche Gabe des Evangelisten hat.

Die Gabe des Evangelisten ist eine besondere Fähigkeit, die Gott einigen Gliedern am Leib Christi gibt, die sie befähigt, Nichtchristen das Evangelium so nahezubringen, daß sie zum Glauben kommen und verantwortliche Glieder am Leib Christi werden.

Wie können Sie herausfinden, ob Sie diese Gabe haben? Wieder kommen die fünf Schritte zur Anwendung: Experimentieren Sie, prüfen Sie Ihre Gefühle, stellen Sie Ihre Effektivität fest und erwarten Sie Bestätigung von anderen Christen.

Folgende zwei Fragen scheinen mir in diesem Prozeß besonders hilfreich zu sein. Erstens: Haben Sie ein starkes Verlangen, anderen Ihren Glauben mitzuteilen? Wohlgemerkt: Die Frage ist nicht, ob es Ihnen am Herzen liegt, daß Menschen zum Glauben an Jesus Christus finden. Die meisten Christen wollen das. Die Frage ist: Haben Sie selbst Freude daran, mit anderen über Jesus zu reden? Und zweitens: Sehen Sie in Ihrem Dienst Ergebnisse?

Wenn von Evangelisten die Rede ist, dann denken viele von uns gleich an Größen wie zum Beispiel Billy Graham. Aber es gibt noch sehr viel mehr Evangelisten, auch wenn sie nicht in gleicher Weise im Rampenlicht stehen. Es gibt viele Variationen, die die Gabe des Evangelisten annehmen kann: Man findet sie unter Männern und Frauen, unter ehrenamtlichen Mitarbeitern und Hauptamtlichen, unter Ordinierten und Nicht-Ordinierten, auf eine bestimmte Kirche bezogen und überkonfessionell, in der eigenen Kultur und kulturübergreifend engagiert, in bestehenden Gemeinden und als Gemeindegründer.

Diese Liste ist gewiß nicht erschöpfend. Manche setzen Ihre Gabe im Radio ein, andere evangelisieren durch Literatur oder Musik oder sogar beim Basketballspiel. Gott hält eine Vielfalt von Wegen bereit, auf denen die Gabe des Evangelisten ausgeübt werden kann.

Was Evangelisation wirklich bedeutet

Ganz gleich, wie die Gabe des Evangelisten ausgeführt wird, das Ziel ist immer dasselbe: Menschen sollen sich Jesus Christus zuwenden und gleichzeitig verantwortliche Glieder der Gemeinde Jesu Christi werden.

Dieser Aussage unterliegt ein bestimmtes Verständnis von Evangelisation, das sich – selbst in evangelikalen Kreisen – noch nicht ganz durchgesetzt hat. Dieses Verständnis von Evangelisation kann sich nicht mit der liberalen Auffassung zufriedengeben, wonach das Ziel von Evangelisation schon dann erreicht ist, wenn ich einem Menschen im Namen Jesu ein Glas Wasser reiche, ganz gleich, ob dem Empfänger dabei das Evangelium bezeugt wird oder nicht. Andererseits deckt sich mein Verständnis von Evangelisation aber auch nicht mit der Auffassung, es komme allein auf die Verkündigung des Evangeliums an, obwohl viele Evangelikale diese Position vertreten. Sie argumentieren so, daß das Ziel biblischer Evangelisation erreicht sei, wenn die Gute Nachricht wahrheitsgetreu *verkündigt* wird, unabhängig davon, ob Menschen zu Nachfolgern Jesu werden oder nicht. Wer von dieser Auffassung ausgeht, dem wird es darum gehen, daß möglichst viele Menschen die Botschaft hören und eine wie auch immer geartete „Entscheidung" für Christus ablegen.

Die dritte Definition, die ich für die hilfreichste halte, nimmt die Anliegen der beiden eben genannten Ansätze gerne auf, aber betont, daß der evangelistische Prozeß unvollständig bleibt, solange die Person, die evangelisiert wurde und eine Entscheidung für Christus getroffen hat, nicht als verantwortliches Glied in den Leib Christi eingegliedert worden ist.

Wie viele Christen haben die Gabe des Evangelisten?

Es versteht sich von selbst, daß nicht alle Glieder des Leibes Christi die Gabe des Evangelisten haben. Nicht der ganze

Leib ist Auge (vgl. 1 Kor 12,7) – und schon gar nicht Uterus! Wie wir im zweiten Kapitel gesehen habe, ist jede Geistesgabe nur einer Minderheit von Christen gegeben. Also wird die Antwort auf die Frage, wie weit die Gabe des Evangelisten unter Christen verbreitet ist, irgendwo zwischen 1 und 49 Prozent liegen.
Natürlich sind nicht alle Gaben zu gleichen Prozenten verteilt. Wir haben zwei Augen, zehn Zehen, einen Magen, zweiunddreißig Zähne. Ich mache die Beobachtung, daß Christen, denen an der Erfüllung bestimmter Aufgaben liegt, dazu neigen, die Zahl derer, die die entsprechende Gabe haben, bei weitem zu überschätzen. Dies geschieht besonders häufig auf dem Gebiet der Evangelisation.
Eine Gemeinde kann realistisch davon ausgehen, daß etwa zehn Prozent ihrer aktiven erwachsenen Glieder die Gabe des Evangelisten haben. Ich bin mir bei dieser Aussage relativ sicher, da sie über Jahre in den verschiedensten Gemeinden getestet wurde und sich jedesmal bestätigt hat. Diese Untersuchungen haben auch gezeigt, daß eine Gemeinde, die etwa zehn Prozent der Christen für die Evangelisation mobil macht, mit einem Wachstum von 200 Prozent innerhalb von zehn Jahren rechnen kann.

Kann Evangelisation überbetont werden?

Da Evangelisation für den Gemeindeaufbau eine so entscheidende Rolle spielt, ist es verständlich, warum manche christlichen Kreise dazu neigen, diese Gabe überzubetonen.
Bevor ich darauf näher eingehe, möchte ich unterstreichen, daß ich von der Notwendigkeit der Evangelisation so sehr überzeugt bin, daß ich mein ganzes Leben dieser Aufgabe gewidmet habe. Für das Nummernschild meines Wagens habe ich mir das Kennzeichen Mt 28,19 geben lassen; das Kennzeichen am Auto meiner Frau lautet Mt 28,20 – die Verpflichtung zum Missionsbefehl soll uns begleiten, wo immer wir sind. Ich möchte in meinem Anliegen auf keinen

Fall mißverstanden werden, denn das, was ich jetzt ausführen werde, könnte Widerspruch hervorrufen.

Wenn wir die Welt wirklich mit dem Evangelium erreichen wollen, dann müssen wir uns davor hüten, den evangelistischen Einsatz, der realistisch von einem durchschnittlichen Christen zu erwarten ist, zu überschätzen. Keine Frage: Jeder wahre Christ ist ein Zeuge Jesu Christi, ob er die Gabe des Evangelisten hat oder nicht. Weiterhin muß jeder Christ bereit sein, andere Menschen zu Christus zu führen, wenn immer sich die Gelegenheit dazu ergibt. Dies gehört zu seiner christlichen Universalrolle.

Demgegenüber muß aber auch ausgesprochen werden, daß es viele gute, treue, hingegebene und reife Christen gibt, die Jesus von ganzem Herzen lieben, aber *direkt* in keinerlei evangelistisches Programm einbezogen sind. *Indirekt* schon, denn sie tragen zum Gemeindeaufbau bei wie die Lungen und die Nieren und die Schilddrüse zur menschlichen Fortpflanzung beitragen. Und sie üben ihre Universalrolle als Zeugen aus, wenn sich die Gelegenheit bietet. Aber sie halten nicht bewußt nach Möglichkeiten Ausschau, ihren Glauben zu bezeugen.

Meiner Ansicht nach ist es ausgesprochen uneffektiv, jeden Christen davon zu überzeugen, daß er fortwährend evangelisieren muß. Wir fordern ja auch nicht alle Christen dazu auf, fortwährend zu lehren, zu leiten oder als Apostel, Organisatoren oder Missionare tätig zu sein, wenn sie nicht die entsprechende geistliche Gabe dazu haben. Christen ein schlechtes Gewissen zu machen, wenn sie nicht jedesmal beim Tanken ihrem Tankwart das Evangelium bezeugen oder ihrem Briefträger ein Traktat mitgeben, scheint mir dem Leib Christi eher zu schaden als zu nützen.

Eine Umfrage unter Theologiestudenten brachte kürzlich folgende interessanten Ergebnisse: Zehn Prozent der befragten Studenten bezeugten ihren Glauben mindestens einmal pro Woche, und zehn Prozent hatten innerhalb des vergangenen Jahres einen bis drei Menschen zu Christus geführt. Die anderen gaben mit unterschiedlichen Prozentsätzen an, daß sie (a) wenig Kontakt zu Nichtchristen hatten, daß sie (b) keine Hilfe wünschen, um besser mit ihnen in Kontakt zu kommen, daß sie (c) in der Regel keine nichtchristlichen Freunde zu Gemeindeveranstaltungen mitbringen, daß sie (d) das Evangelisieren nicht lernen wollen, daß sie (e) zwar das Gefühl haben, sie sollten Menschen zu Christus führen, in Wirklichkeit aber wenig Zeit und Energie dafür aufwenden, daß ihnen (f) das Gebet wichtig ist, sie aber nicht viel für Menschen beten, die Christus noch nicht kennen.

Wie reagieren wir auf so eine Situation? Einige Christen möchten sich am liebsten die Haare ausraufen und sich in Sack und Asche kleiden, um den schlimmen geistlichen Zustand unserer jungen Leute zu beklagen. Ich glaube, daß hier sicherlich einiges verbessert werden könnte und sollte, aber ich kann dabei trotzdem nichts sehen, was den Gemeindeaufbau blockiert.

Eines der Schlüsselprobleme ist die Frage, wem man ein schlechtes Gewissen machen darf. Christen, die die Gabe des Evangelisten haben und sie nicht gebrauchen, sollten ein schlechtes Gewissen haben. Wenn etwa zehn Prozent diese Gabe haben, ist davon auszugehen, daß in den meisten stagnierenden oder schrumpfenden Gemeinden nur etwa 0,5 Prozent die Gabe einsetzen, wenn überhaupt. Also sollten diejenigen, die die Gabe der Seelsorge haben, die restlichen 9,5 Prozent aufsuchen und ihnen helfen, ihre Gabe zu entdecken, zu entwickeln und zu gebrauchen. Diese Christen werden, sobald sie ihre Gabe einsetzen, glücklichere und zufriedenere Menschen sein. Schuldgefühle bei ihnen sind ohne Zweifel ein Segen, denn sie verhelfen der Gemeinde zum Wachstum.

Allerdings: Den 90 Prozent, die andere Gaben als die des Evangelisten haben, sollte kein schlechtes Gewissen gemacht werden, wenn sie nur als Sekundärorgane im Evangelisationsprozeß fungieren. Hier ist der Platz, wo Gott sie haben möchte; andernfalls hätte er ihnen die Gabe des Evangelisten gegeben. In manchen Gemeinden sind die Schuldgefühle bei denen, die nicht offensiv evangelisieren, so stark, daß sogar manche, die durch die evangelistischen Bemühungen der zehn Prozent in die Gemeinde gefunden haben, von der dort herrschenden negativen Atmosphäre wieder abgestoßen werden. Das mangelnde Selbstbewußtsein der Christen, ihre Trübsinnigkeit und Niedergeschlagenheit vermitteln Neuen den Eindruck, hier sei jeder mit Essig getauft!

Gabenprojektion und die Gabe des Evangelisten

Aus dem bisher Gesagten wird verständlich, warum die Gabe des Evangelisten wahrscheinlich die am häufigsten projizierte aller Geistesgaben ist (mit der möglichen Ausnahme der Gabe des Zungenredens).
Nach meiner Erfahrung ist die beliebteste Projektionstechnik von Menschen, die die Gabe des Evangelisten haben, folgende: Sie bestreiten einfach, diese Gabe zu haben. In den Vereinigten Staaten gibt es zwei bekannte Christen mit der Gabe des Evangelisten: Bill Bright, Präsident von „Campus für Christus", und James Kennedy, Gründer von „Evangelism Explosion". Beide zähle ich zu meinen Freunden. Ich habe ihren Dienst über Jahre sorgfältig verfolgt. Ich bin zu der Überzeugung gekommen: Beide haben die Gabe des Evangelisten in einem ungewöhnlich großen Ausmaß und setzen sie zur Ehre Gottes für den Gemeindeaufbau ein. Ich mag beide und bin gern mit ihnen zusammen. Ich höre ihnen mit Freude zu, wenn sie davon erzählen, wie sie selbst Christus bezeugen und andere inspirieren, das gleiche zu tun. Ich halte ihre Programme für ausgezeichnete Evangelisationsmethoden, die ich gerne weiterempfehle.
Ich erwähnte Bill Bright und James Kennedy, weil ich beide habe sagen hören, sie hätten nicht die Gabe des Evangelisten. Lange Zeit verfolgte mich die Frage: Was bringt sie wohl dazu, diese Tatsache abzustreiten?
Ich weiß, daß beide mit dem, was ich jetzt sage, nicht einverstanden sein werden. Ich hoffe sehr, daß sie mir deshalb nicht böse sind. Wir haben miteinander ausführlich über

Geistesgaben gesprochen, und jedesmal wurde mir erwidert, meine Zehn-Prozent-Hypothese könnte als Selbstrechtfertigung für evangelistische Passivität benutzt werden. Nach ihrer Auffassung ist es falsch, nur die Christen zum gezielten evangelistischen Einsatz zu bewegen, die die entsprechende Geistesgabe haben. Sie gehen davon aus, daß jeder Christ regelmäßig die „Vier geistlichen Gesetze" benutzen, am Programm von „Evangelism Explosion" teilnehmen oder aber nach einer anderen, vergleichbaren evangelistischen Methode arbeiten sollte.

Fast jedesmal, wenn ich mit Bill Bright länger als zehn Minuten zusammen bin, erzählt er mir bewegende Geschichten, wie Gott ihn gebraucht hat, um Menschen zu Christus zu führen. Einmal erzählte er mir von einer Kellnerin in einem Restaurant in Asien, die zum Glauben kam, während er und seine Frau Vonette dort aßen. Er erzählte mir von einem Zimmermädchen in einem Hotel, die Christus annahm. Und er berichtete mir von mehreren Menschen, die er zu Jesus führte, während sie neben ihm im Flugzeug saßen.

Und ich stehe da als ganz gewöhnlicher Professor mit der Gabe des Lehrens, der nicht annähernd mit ähnlichen Geschichten aufwarten kann. Wer hört schon mit gleicher Spannung zu, wenn ich über den Entwurf für einen neuen Zeitschriftenartikel berichte, oder wie es mir gelang, einen schwierigen Gedanken auf einer Overheadfolie darzustellen, oder daß einer meiner Doktoranden gerade den Durchbruch in seiner Dissertation geschafft hat? Hätte ich diese großartigen Geschichten vor der Zeit, als ich mir über meine eigene Gabenkombination klar wurde, gehört – ich wäre wahrscheinlich vor Minderwertigkeitsgefühlen erbleicht.

Aber diese Zeit ist vorbei. Vielleicht werden Bright und Kennedy jetzt sagen: „Wir haben es gewußt, Wagner ist ausgestiegen!" Aber das ist es, was ich tue, wenn ich in einem Flugzeug sitze: Wenn ich an Bord gehe, stelle ich mir immer vor, ich sei in einer Bibliothek. Ich habe drei, vier oder fünf ungestörte Stunden vor mir, die ich wunderbar zur Praktizierung meiner Geistesgaben nutzen kann: keine Telefonanrufe, keine Posteingänge, niemand, der an die Tür klopft. Ich nehme acht bis zwölf Pfund Lesestoff in meiner Aktentasche mit, denn wenn ich meine geistlichen Gaben praktizieren will, muß ich viel Zeit investieren, um Bücher und Zeitschriften zu lesen. Ich suche mir eine Reihe, in der sonst niemand sitzt, und betrachte es als einen guten Flug, wenn ich ungestört bleibe. Wenn sich doch jemand neben mich setzt, habe ich es mir zur Gewohnheit gemacht, zu beten und Gott darum zu bitten, diese Person ruhig zu halten, es sei denn, daß Gott sie bereits vorbereitet hat, die Botschaft des Evangeliums zu hören. Wenn das der Fall ist, dann bitte ich Gott, ein Gespräch über Jesus einzuleiten. Dafür gibt es viele Aufhänger, denn die Leute merken schnell, daß ich Christ bin, wenn sie sehen, was ich lese oder daß ich vor dem Essen bete.

Aber in den meisten Fällen spreche ich nicht mit der Person neben mir, weil ich zu sehr damit beschäftigt bin, meine Geistesgaben zu gebrauchen. Gott wird mich nicht für das, was ich als Evangelist getan habe, zur Verantwortung ziehen, sondern für das, was ich als Mensch tat, dem er die Gabe der Erkenntnis und des Lehrens gegeben hat. Allerdings: Christen mit der Gabe des Evangelisten sollten in einer solchen Situation keine Anstrengung scheuen, mit ihren Nachbarn in ein Gespräch über Christus zu kommen. Ich selber bemühe mich sehr bewußt, Gabenprojektion zu vermeiden. Ich möchte mich davor hüten, die geistliche Reife anderer Christen daran ablesen zu wollen, ob sie einen Doktortitel tragen oder fließend die Sprache einer anderen Kultur beherrschen – Fähigkeiten, die von mir erwartet werden können, da ich die Gaben der Erkenntnis und des Missionars habe. Ich versuche, nicht ungeduldig zu werden, wenn ich andere Christen lehren höre und dabei feststelle, daß sie nicht in der Lage sind, ihre Ideen eingängig darzustellen. Ich bemühe mich, nicht geringschätzig von einem Gesprächspartner zu denken, der die Bedeutung von Ausdrücken wie „theologische Kontextualisierung“, „Homogenität“, „radikale Jüngerschaft“, „assimilationistischer Rassismus“ oder „dynamisches Äquivalent“ nicht versteht, weil er nicht die Bücher kennt, die ich gelesen habe. Wenn ich mich auf solch eine Gabenprojektion einließe, würde ich gegen die „goldene Regel“ verstoßen, anderen nicht etwas anzutun, über das ich selbst auch nicht glücklich wäre.

Ist dies eine Ausflucht?

Ich bin überzeugt: Wir dürfen die Lehre von den Geistesgaben nicht als Ausflucht benutzen, um uns vor der Verantwortung zu drücken, anderen unseren Glauben zu bezeugen. Jeder Christ kann und sollte seinen Glauben bezeugen – wir haben das eine „christliche Universalrolle“ genannt. Wenn ich im Flugzeug sitze und Gott mein Gebet so beantwortet, daß es mit meinem Nachbarn zu einem Gespräch kommt, wandern alle meine Bücher, Notizen und Zeitschriften zurück in die Aktentasche, und ich wende mich mit ungeteilter Aufmerksamkeit meinem Gesprächspartner zu, um mit ihm über den Glauben zu reden. Ich hole meine Bibel hervor, die ich immer bei mir trage und bezeuge Christus. Ich habe gelernt, wie man das macht (manchmal benutze ich die „Vier geistlichen Gesetze“, manchmal die Fragen des „Evangelism Explosion“-Programmes); und ich habe gelernt, wie man Menschen zum Glauben führt. Einmal habe ich sogar einen Menschen zum Glauben führen können, während wir im Flugzeug zusammen saßen – und ich habe diesen Tag als einen besonderen Höhepunkt in meinem Kalender vermerkt.

Meine Universalrolle ist es, meinen Herrn jederzeit zu bezeugen; und ich freue mich, wenn Gott mir Gelegenheit dazu gibt. Aber ich merke auch, daß ich immer dann, wenn ich solch eine Gelegenheit mit Gewalt herbeizwingen möchte, eine Bauchlandung mache. Deshalb überlasse ich es Gott, mir den richtigen Moment für mein Zeugnis zu zeigen. Solange er das nicht tut, begnüge ich mich mit der Ausübung meiner Geistesgaben.

Jeder, der die Gabe des Evangelisten nicht hat und dies als

Selbstrechtfertigung benutzt, seinen Glauben nicht zu bezeugen, betrübt Gott. Und jeder, der andere Christen dazu bringt, wertvolle Energien, die für die Ausübung ihrer Geistesgabe eingesetzt werden könnten, in der wirkungslosen Ausübung christlicher Universalrollen zu vergeuden, handelt ebenso gegen Gottes Willen.

Neubekehrte Christen und effektiver Zeugendienst

Im Gegensatz dazu, was einige erwarten würden, nimmt das Potential zum Zeugendienst ab, je mehr ein Christ im Glauben wächst. Die Hauptursache dafür ist, daß ein Mensch, der mehr und mehr in die christliche Gemeinde einbezogen ist, immer weniger natürliche Kontakte zu Menschen hat, die Christus noch nicht kennen. Bevor ein Mensch zum Glauben kommt, sind möglicherweise alle seine Freunde und Verwandten Nichtchristen. Das gleiche gilt für Menschen, die sich erst gerade bekehrt haben. Die Chancen zum Zeugendienst sind besonders groß, kurz nachdem ein Mensch Christ geworden ist.
Diese Tatsache muß berücksichtigt werden, wenn der Zeugendienst für den Gemeindeaufbau nutzbar gemacht werden soll. Jeder neu gewonne Christ sollte ermutigt werden, die noch verbliebenen Kontakte zu Nichtchristen zu nutzen, um seinen Glauben zu bezeugen. Dabei ist wahrscheinlich, daß neun von zehn nicht die Gabe des Evangelisten haben und sich folglich in diesem Dienst nicht leicht tun werden. Die beste Möglichkeit scheint mir dabei zu sein, die zehn Prozent der reifen Christen, die die Gabe des Evangelisten haben, mit den Neubekehrten zu „kombinieren", die die Universalrolle des Zeugendienstes haben – und auf diese Weise deren Freunde und Verwandte in einer Art Teamwork mit dem Evangelium zu erreichen.

Schritte zum evangelistischen Engagement

Wie kann das in die Praxis umgesetzt werden? Zwei Zielgruppen sind hier besonders gefragt: Erstens neubekehrte

Christen, und zweitens Menschen, die schon länger in der Gemeinde aktiv sind. Gleichzeitig sind zwei Ziele anzusteuern: Erstens denen zu helfen, die die Gabe des Evangelisten haben, ihre Gabe zu entdecken, zu trainieren und einzusetzen; und zweitens all die übrigen zuzurüsten, ihre christliche Universalrolle des Zeugendienstes besser wahrnehmen zu können.

Zielgruppe 1: Neubekehrte Christen. Jeder Mensch, der in einer Gemeinde zum Glauben kommt, sollte an einem Trainingsprogramm teilnehmen, in dem er lernen kann, wie man seinen Glauben bezeugt. Mir ist klar, daß dieser Vorschlag ziemlich radikal ist, und ich bin auch nicht überrascht, daß keiner der Pfarrer, denen ich in den letzten fünf Jahren diesen Vorschlag unterbreitet habe, ihn bisher in die Tat umgesetzt hat.
Ein Grund für diese Zurückhaltung könnte darin liegen, daß Pfarrer und Mitarbeiter oft zu ängstlich sind, wenn es um Verbindlichkeit geht. Vielleicht hilft hier ein wichtiges Prinzip aus der Religionssoziologie: Je stärker die Anforderungen einer Gemeinde an die Gemeindeglieder sind, desto größer wird die religiöse und soziale Ausstrahlung auf ihre Umgebung sein. Es ist einfach nicht wahr, daß Gemeinden aufhören zu wachsen, sobald die Anforderungen an die Gemeindeglieder angehoben werden. Untersuchungen zeigen, daß das genaue Gegenteil richtig ist.

Zielgruppe 2: Christen, die schon länger dabei sind. Jedes engagierte Gemeindeglied sollte ermutigt werden, mit so vielen geistlichen Gaben wie möglich zu experimentieren – wobei die Gemeinde besonders im Bereich der Evangelisation Hilfestellungen geben sollte. Jeder Christ sollte zumindest einmal an einem evangelistischen Trainingsprogramm teilgenommen haben. Bevor sich Christen auf ein solches Schulungsprogramm einlassen, müssen sie wissen, daß nur einer von zehn in diesem Prozeß entdecken wird, daß er die Gabe des Evangelisten hat, um sich dann kontinuierlich auf einen evangelistischen Dienst einzulassen.

Für die Christen, die die Gabe des Evangelisten haben, ist eine solche Schulung eine aufregende und erfüllende Zeit. Sie können in diesem Prozeß erkennen, welchen Platz im Leib Christi Gott für sie vorgesehen hat. Aber auch für die, die die Gabe des Evangelisten nicht haben, wird eine solche Schulung sehr positive Auswirkungen haben. Erstens werden sie von falschen Schuldgefühlen befreit, daß sie nicht ebenso effektiv evangelisieren wie andere. Zweitens wird ihnen ein solches Training die Angst nehmen, natürlich und unverkrampft vom Glauben zu reden. Und drittens wird die Schulung dazu führen, daß jeder Christ ein besserer Zeuge seines Herrn wird – ganz gleich, welche Gabenkombination er haben mag. Jeder Teilnehmer lernt, wie man einen Menschen zu Christus führt – und das ist meiner Meinung nach für ein gesundes geistliches Leben ebenso wichtig wie der Besuch des Gottesdienstes, das Tischgebet, das Geben des Zehnten oder die Beschäftigung mit dem Wort Gottes.

7. Die Gabe des Missionars

Einige Gemeindeaufbau-Bücher vermitteln den Eindruck, als sei das Wachstum der Gemeinde am Ort das einzige, worauf es ankommt. Weil auch ich die Ortsgemeinde für wichtig halte, habe ich in diesem Buch den Hauptakzent auf sie gelegt. Aber meine Ausführungen blieben unvollständig, wenn ich nicht wenigstens ein Kapitel den Menschen widmen würde, die durch die normalen evangelistischen Bemühungen örtlicher Gemeinden nicht erreicht werden können. Die geistliche Gabe, die mit dieser Fragestellung direkt zu tun hat, ist die Gabe des Missionars.

Unerreichte Menschen

In diesem Kapitel geht es darum, wie wir Menschen anderer Kulturen für das Evangelium gewinnen können. Es soll unsere Aufmerksamkeit auf die unerreichten Menschen lenken, jene Tausende Millionen von Menschen auf der Erde, die noch nichts von Jesus Christus gehört haben und darauf angewiesen sind, daß ein Mensch aus einer anderen Kultur zu ihnen kommt, um ihnen das Evangelium zu bezeugen.
Kaum jemand hat auf diesem Gebiet gründlicher geforscht als Ralph Winter vom „U.S. Center for World Mission“. Winters Zentrum erkennt zwar die Notwendigkeit an, Menschen der eigenen Kultur mit dem Evangelium zu erreichen, setzt aber selber alle Mittel dafür ein, Menschen anderer Kulturen zu gewinnen. Winter arbeitet mit vier Kategorien, nach denen er die Menschheit einteilt:

1. Aktive Christen. Diese Menschen sind verantwortliche Glieder in der örtlichen Gemeinde. Sie nehmen die Bibel und den Auftrag Jesu ernst, „alle Völker zu Jüngern zu machen“. Von insgesamt 4.123 Millionen Menschen auf der Erde gehören schätzungsweise 222 Millionen zu dieser Kategorie.

2. Passive Christen und Namenschristen. Diese Menschen würden „Christ“ angeben, wenn sie bei einer Volkszählung nach ihrer Religionszugehörigkeit gefragt würden. Aber die meisten von ihnen sind nur dem Namen nach Christen. Damit will ich nicht sagen, daß Gott viele dieser Menschen nicht angenommen hat – aber es drängt sie nichts, anderen Menschen von ihrem Glauben zu erzählen. Für das Anliegen der Evangelisation sind sie keine Hilfe. Es wird geschätzt, daß sich ihre Zahl etwa auf 1.023 Millionen beläuft. Nimmt man die aktiven Christen dazu, so erhalten wir eine Zahl von 1.245 Millionen Menschen, die sich Christen nennen. Das sind ungefähr 30 Prozent der Weltbevölkerung.

3. Nichtchristen ähnlicher Kultur. Diese Menschen kennen zwar Christus noch nicht, aber ihre eigene Kultur ist von lebendigen Gemeinden durchdrungen. Das gilt auch dann, wenn sie geographisch gesehen weit entfernt von Christen leben, die eine ähnliche Kultur haben. Ihre Zahl wird auf etwa 467 Millionen geschätzt.

4. Nichtchristen anderer Kultur. Diese Menschen gehören zu einer Kultur, in die das Christentum noch nicht eingedrungen ist. Sie sind die sogenannten „unerreichten Menschen“. Bisweilen befinden sie sich geographisch gesehen ganz in der Nähe von Christen – es bestehen aber kaum persönliche Beziehungen. Sie können nur durch Christen erreicht werden, die in einer ihnen fremden Kultur das Evangelium bezeugen. Überraschend ist eigentlich nicht ihre Existenz überhaupt, sondern daß ihre Zahl so ungeheuer groß ist. Etwa 2.411 Millionen Menschen werden zu den „Unerreichten“ gezählt; das sind 59 Prozent der Weltbevölkerung. Kein Wunder, daß ihre Evangelisation als vordringlich angesehen wird.

Wozu „Menschenblindheit“ führt

Viele Christen sehen die „Unerreichten“ gar nicht, weil sie an „Menschenblindheit“ leiden. Diese Krankheit hindert uns daran, Menschen um uns herum wahrzunehmen, die nicht in der Lage sind, die Botschaft des Evangeliums in der Weise zu verstehen, wie wir es gewohnt sind. Christen mit dieser Krankheit gehen davon aus, daß ihre Gemeinde für jedermann offen sei. Sie meinen, daß alle Christen dieselbe Sprache sprechen, Gott auf dieselbe Weise loben, dieselben Gottesdienstformen haben und dieselbe Musik mögen sollten – und gleichzeitig in der Lage sein müßten, mit Menschen aus den unterschiedlichsten Gruppen enge Freundschaften einzugehen.
Tatsache ist, daß Gemeinden niemals auf diese Weise gewachsen sind. Nichtchristen erleben eine Gemeinde als attraktiv, wenn diese aus Menschen besteht, mit denen sie sich identifizieren können. Wenn eine solche Identifizierung nicht möglich ist, müssen neue Gemeinden gegründet werden, die auf die Bedürfnisse und die Mentalität der jeweiligen Zielgruppe zugeschnitten sind. Jedem Missionar, der in einer anderen Kultur arbeitet, ist dieses Gemeindeaufbau-Prinzip vertraut, aber in ihren eigenen Breiten tun sich viele schwer damit. Sie leiden an „Menschenblindheit“, die sie außer Stande setzt, die verschiedenen Arten von Menschen in ihrer eigenen Umgebung wahrzunehmen.

Wie sich das Evangelium ausbreitet

Die wichtigsten Meilensteine für die Ausbreitung des Evangeliums zur Zeit der Apostelgeschichte waren (a) der Übergang von den hebräischen zu den hellenistischen Juden (Apg 2), (b) der Übergang von den Juden zu den Samaritern (Apg 8), und (c) der Übergang von den Juden zu den Heiden (Apg 11). Alles waren Situationen, in denen die Grenzen der eigenen Kultur überschritten wurden.
Das gilt auch heute. Die Weltevangelisation macht immer

dann bedeutende Fortschritte, wenn das Evangelium in einer neuen Kultur Wurzeln schlägt. Bei 2,4 Milliarden unerreichten Menschen muß heute die kulturübergreifende Evangelisation höchste Priorität für die weltweite Gemeinde Jesu Christi haben.
Eine der ermutigendsten Entwicklungen in der heutigen Christenheit ist die Tatsache, daß viele Gemeinden der Dritten Welt ihre Verantwortung erkennen, in fremden Kulturen evangelistisch tätig zu werden. Bis vor noch nicht allzu langer Zeit wurde der Großteil der missionarischen Arbeit in fremden Kulturen von europäischen und amerikanischen Missionaren getan. Die Mehrzahl der Missionare sind immer noch Weiße, aber die Zahl der roten, schwarzen, gelben und braunen Missionare nimmt ständig zu. Wenn dieser Trend weiter anhält, kann immer mehr unerreichten Volksgruppen das Evangelium gebracht werden.

* Die Gabe des Missionars

Der Erfolg der kulturübergreifenden Evangelisation, die nötig ist, um die 2,4 Milliarden unerreichter Menschen zu gewinnen, hängt in großem Maß von der Gabe des Missionars ab. In vielen Büchern über Geistesgaben wird diese Gabe gar nicht erwähnt. Ein Grund mag darin liegen, daß die Gabe des Missionars in der Bibel nicht so ausdrücklich als Geistesgabe bezeichnet wird, wie das bei anderen Gaben der Fall ist.

Die Gabe des Missionars ist eine besondere Fähigkeit, die Gott einigen Gliedern am Leib Christi gibt, die sie befähigt, ihre anderen Gaben in einem fremden Kulturbereich einsetzen zu können.

Die meisten Christen sind, wie ein Großteil der Menschen überhaupt, lediglich mit einer Kultur vertraut. Sie kommen in einer bestimmten Kultur zur Welt, wachsen dort auf und sterben in ihr. Diese Kultur befähigt sie, mit anderen zu verkehren und sie zu verstehen, ohne daß dazu ein besonderes Training nötig wäre. Der normale Sozialisationsprozeß, den jeder Mensch in frühen Jahren durchläuft, reicht völlig aus. Von Zeit zu Zeit mögen sie mit anderen Kulturen in Berührung kommen. Vielleicht haben sie sogar einige Freunde unter Menschen, die einer anderen Kultur angehören. Das ändert aber nichts an der Tatsache, daß die meisten nur in einer Kultur zu Hause sind.

Christen mit der Gabe des Missionars macht es nicht nur Spaß, mit anderen Kulturen in Kontakt zu kommen, sie gehen regelrecht durch einen zweiten Sozialisationsprozeß, „Akkulturation" genannt. Sie haben Freude an der Herausforderung, die Brücken zu ihrer eigenen Kultur abzubrechen und ganz in einer anderen Kultur zu leben. Sie erleiden dabei zwar auch einen Kulturschock, aber sie erholen sich schnell wieder davon. Vielleicht werden sie von „Montezumas Rache" heimgesucht, aber ihr Immunsystem weiß sich bald gegen die fremden Bakterien in Essen und Trinken zu wehren. Christen mit der Gabe des Missionars lernen die neue Sprache rascher als solche ohne die Gabe. Sie greifen umgangssprachliche Redewendungen auf, übernehmen Tonfall, Sprachmelodie und Körpersprache – alles Dinge, die nicht aus Lehrbüchern gelernt werden können. Sie fühlen sich in der Gemeinschaft von Menschen einer anderen Kultur wohl. Und das Wichtigste: Sie werden schließlich von diesen als einer von ihnen akzeptiert.

Obwohl Kontakte zu anderen Kulturen für jeden Christen bereichernd sind, erwartet Gott nicht von uns allen, daß wir uns mit einer zweiten Kultur identifizieren. Gott gibt die Gabe des Missionars nur einigen. Wie vielen? Ich weiß es nicht. Meine Schätzung lag in der Vergangenheit bei fünf Prozent; dies scheint mir heute ein wenig hoch. In den Vereinigten Staaten werden von 50 Millionen aktiven Christen etwa 40.000 als Missionare ausgesandt. Dies macht weniger als ein Zehntel eines Prozentes aus! Wenn auch die reale Zahl bei weniger als bei fünf Prozent liegen mag, muß es noch Tausende und Abertausende von Christen geben, denen Gott die Gabe des Missionars gegeben hat, die sie aber noch nicht entdeckt haben und einsetzen.

Gabenprojektion und die Gabe des Missionars

Die Gabe des Missionars ist ein weiteres Beispiel für Gaben, die häufig projiziert werden. Immer wieder höre ich Prediger voller Begeisterung sagen: „Jeder Christ ist ein Missionar!“ Wer sich mit Geistesgaben beschäftigt hat, weiß, daß ein solcher Satz lächerlich ist. Aber in vielen Fällen denken diese Prediger gar nicht an die Aufgabe, in einer fremden Kultur tätig zu werden, sondern wollen einfach sagen, daß jeder Christ seinen Glauben bezeugen soll. Wenn sie das meinen, kann ich sie nur von ganzem Herzen unterstützen.

Ich weiß von vielen Missionaren, die seit 30 Jahren auf dem Missionsfeld tätig sind, aber niemals die Gabe des Missionars gehabt haben. Sowohl für ihre Heimatgemeinde als auch für das Missionsfeld wäre es besser gewesen, sie wären zu Hause geblieben. Wenn es eine Aufgabe gibt, für die ein hoher Grad an Tauglichkeit und Training notwendig ist, dann ist es die Aufgabe, unerreichte Menschen in einer fremden Kultur zu gewinnen. Deshalb glaube ich nicht, daß es hilfreich ist, wenn bei einer Konferenz die Parole ausgegeben wird: „Du mußt aufs Missionsfeld gehen, wenn Gott dir nicht klar gesagt hat, daß du zu Hause bleiben sollst!“ Besser wäre, man würde den Menschen dabei helfen, ihre geistlichen Gaben zu entdecken und dementsprechend zu leben.

Manchmal wird die Gabe des Missionars mit der des Evangelisten verwechselt. Es sollte klar sein, daß einige Evangelisten die Gabe des Missionars haben und andere nicht. Evangelisten mit der Gabe des Missionars sollten in einer anderen (wie auch in ihrer eigenen) Kultur evangelisieren. Dagegen sollten Evangelisten, die die Gabe des Missionars nicht haben, ihren Dienst auf die eigene Kultur beschränken.

Manchmal wird die Gabe des Missionars auch mit der des Apostels verwechselt. Bevor wir beide miteinander vergleichen, wollen wir erst einen Blick auf die Gabe des Apostels werfen.

* Die Gabe des Apostels

Der biblische Textzusammenhang deutet darauf hin, daß die Gabe des Apostels nicht nur für die Anfänge der christlichen Gemeinde gegeben war. Die ursprünglichen zwölf Apostel nehmen zwar einen besonderen Platz in der Kirchengeschichte ein, und im neuen Jerusalem wird ihrer ständig gedacht werden (vgl. Off 21,24), aber sie waren nicht die einzigen Apostel. In 1. Korinther 15 wird berichtet, daß Jesus nach seiner Himmelfahrt „den Zwölfen" erschien und dann auch „all den Aposteln", was darauf hinweist, daß es außer den Zwölfen noch andere Apostel gab (1 Kor 15,5.7). Ferner wären die biblischen Warnungen vor „falschen Aposteln" unsinnig, wenn das Amt des Apostels auf die Zwölf beschränkt gewesen wäre (vgl. 2 Kor 11,13; Off 2,2).
Außer den Zwölfen werden etliche andere Apostel mit Namen erwähnt. Dazu gehören Matthias (vgl. Apg 1,26), Paulus (vgl. Röm 1,1), Barnabas (vgl. Apg 14,14), Andronikus und Junias (vgl. Röm 16,7), Timotheus und Silas (vgl. 1 Thess 2,6). Durch die ganze Kirchengeschichte hindurch gab und gibt es viele Christen, die Gott zu Aposteln begabt hat.

Die Gabe des Apostels ist eine besondere Fähigkeit, die Gott einigen Gliedern am Leib Christi gibt, die sie befähigt, aufgrund ihrer geistlichen Autorität von einer Vielzahl von Gemeinden spontan als geistliche Leitfiguren anerkannt zu werden.

Der Dienst eines Apostels wird besonders Pfarrern und Gemeindeleitern zugute kommen. Der Apostel ist derjenige, an den sich diese Menschen wenden können, wenn sie Rat und Hilfe brauchen. Er kann Probleme lösen und Frieden stiften. Er kann Forderungen stellen, die autokratisch erscheinen mögen, aber von Christen dankbar akzeptiert wer-

den, weil sie seine Gabe und Autorität anerkennen. Er ist in der Lage, den Gesamtüberblick zu behalten; seine Weitsichtigkeit geht über die Probleme einer einzelnen Gemeinde hinaus.
Heutzutage gibt es unterschiedliche Titel für diejenigen, die für eine Vielzahl von Gemeinden Verantwortung tragen. Man nennt sie Bischöfe, Superintendenten, Dekane, Vorsitzende, Moderatoren, Präsidenten oder ähnlich. Alle diese Ämter sollten nur von Menschen bekleidet werden, deren geistliche Gabe des Apostels vom Leib Christi bestätigt worden ist. Es ist jedoch kein Geheimnis, daß viele, wenn nicht sogar die meisten der Menschen, die solche Positionen bekleiden, aufgrund von Alter, Prestige oder taktischen Erwägungen zu ihrem Posten gekommen sind. Das wird meistens sehr bald offenbar durch die Art, wie sie ihr Amt ausführen. Jeder christliche Leiter gehört einer der beiden folgenden Kategorien an:

1. Amtliche Leiterschaft: Die Autorität der Leiter, die zu dieser Kategorie gehören, hängt ganz von ihrer Position, nicht von ihrer Person ab. Man gehorcht ihnen – manchmal widerwillig –, aufgrund des Amtes, das sie repräsentieren, nicht aufgrund ihrer geistlichen Gabe. Solche Leiter, deren geistliche Gabe nicht zu ihrer Position paßt, sind oft traurige, reizbare, pessimistische und frustrierte Menschen. Durch qualifizierten Leiter-Nachwuchs fühlen sie sich leicht bedroht.

2. Charismatische Leiterschaft: Die Autorität der Leiter, die zu dieser Kategorie gehören, hängt mit ihrer Gabe zusammen, die Gott ihnen gegeben hat. Andere Menschen folgen ihren Anweisungen, weil sie ihrem Rat vertrauen. Ihre Leiterschaft hängt nicht von ihrem Amt ab, wenn auch das Amt wichtig ist. Sie sind normalerweise umgänglich, unerschrokken, optimistisch – man ist gern mit ihnen zusammen. Ich glaube, daß Gott sich so die apostolische Leitung gedacht hat.
Offen gesagt: Ich hoffe, daß diese Einsichten einige, die

derzeit ein bestimmtes Amt wahrnehmen, dazu veranlassen werden, ihre von Gott geschenkte Begabung zu überprüfen und ihr Amt gegebenenfalls niederzulegen. Das Prestige, das sich mit solchen kirchlichen Positionen verbindet, wiegt die persönliche Frustration nicht auf, ein Amt innezuhaben, für das man nicht die erforderliche geistliche Gabe hat. Es schadet dem Leib Christi. Es ist wichtig, daß wir lernen, nüchtern über uns selbst zu denken (vgl. Röm 12,3). Vakanzen, die durch solche Amtsniederlegungen zustande kommen, sollten nur Menschen füllen, deren Apostelgabe erkannt worden ist.

Die Gabe des Missionars in der Bibel

Paulus hatte nicht nur die Gabe des Apostels und des Evangelisten, sondern auch die Gabe des Missionars. Er war in der Lage, in anderen Kulturen zu arbeiten, und er war sich dieser besonderen Platzanweisung sehr bewußt. Im dritten Kapitel des Epheserbriefes geht es um die Gabe des Missionars. Dort spricht Paulus von seiner besonderen Befähigung, als Jude das Evangelium zu den Heiden zu bringen. Paulus war „ein Pharisäer und eines Pharisäers Sohn“ (Apg 23,6), ein Hebräer, „erzogen … zu den Füßen Gamaliels“ (Apg 22,3) – und dadurch wie alle Juden im ersten Jahrhundert den Heiden gegenüber voreingenommen. In einem zeitgenössischen Kommentar heißt es, daß vielleicht nur noch das Ressentiment, mit dem indische Brahmanen der Kaste der Unberührbaren gegenüberstehen, den damaligen Gefühlen der Juden gegenüber den Heiden vergleichbar seien. Um als Jude die Heiden mit dem Evangelium zu erreichen, war übernatürliche Hilfe notwendig.
Paulus betont, daß seine Fähigkeit, den Heiden das Evangelium zu vermitteln, von der „Gabe der Gnade“ herrühre, die Gott ihm gegeben hätte (Eph 3,7). Das ist ein deutlicher Hinweis auf die Gabe, die ich „Gabe des Missionars“ nenne, auch wenn eine derartige Bezeichnung im Neuen Testament nicht vorkommt.

Diese Gabe wird in allen drei Berichten, die die Apostelgeschichte über die Bekehrung des Paulus bringt, erwähnt. Gott selbst sagte über Paulus: „Dieser ist mir ein auserwähltes Rüstzeug, daß er meinen Namen trage vor die Heiden" (Apg 9,15). Paulus folgte diesem Ruf so konsequent, daß er die Anliegen der Heidenchristen beim Apostelkonzil in Jerusalem (vgl. Apg 15) verteidigte und schließlich sogar ins Gefängnis kam, weil die Juden dachten, er hätte das Judentum verraten (Apg 21,28.29).
In 1. Korinther 9 beschreibt Paulus, was die Gabe des Missionars für ihn bedeutet. Er konnte „den Juden ein Jude und den Heiden ein Heide" sein. „Ich bin allen alles geworden", sagt er in Vers 22, „damit ich auf alle Weise etliche rette." Christen, die heute erfolgreich in einer fremden Kultur arbeiten, haben ähnliche Fähigkeiten. Es fällt ihnen nicht schwer, sich den jeweiligen kulturellen Gegebenheiten anzupassen, weil Gott sie mit der Gabe des Missionars beschenkt hat.

Paulus und Petrus

Sowohl Paulus als auch Petrus hatten die Gabe des Apostels und wurden als solche von den Gemeinden anerkannt. Aber Paulus hatte zusätzlich die Gabe des Missionars, Petrus dagegen nicht. Paulus sollte Apostel für die Heiden, Petrus Apostel für die Juden sein. Aber auch Petrus machte einige Erfahrungen mit anderen Kulturen. Einmal benutzte ihn Gott, im Haus des Kornelius das Evangelium den Heiden zu bezeugen, was für ihn ein äußerst schwieriges Unternehmen war. Später besuchte er eine heidenchristliche Gemeinde in Antiochien, aber im entscheidenden Moment weigerte er sich, mit den Heidenchristen gemeinsam zu essen – was seinen Freund Paulus aufs äußerste verärgerte. Paulus greift auf dieses Erlebnis zurück, als er im Galaterbrief berichtet, wie er Petrus „ins Angesicht" widerstand (Gal 2,11), um ihm ein für alle Mal klar zu machen, daß er zum Apostel der Unbeschnittenen (Heiden) berufen war, während Petrus ein

Apostel der Beschnittenen (Juden) war (vgl. Gal 2,7.8). Petrus tat sich in anderen Kulturen vor allen Dingen deshalb so schwer, weil er nicht dieselbe Gabe wie Paulus hatte.
Nicht nur Petrus, auch Jakobus und Johannes wußten, daß sie Apostel ohne die Gabe des Missionars waren. Dies wird in Galater 2,9 deutlich, wo Jakobus, Petrus und Johannes erkennen, daß Paulus eine besondere „Gnade" (das ursprüngliche Wort für „charisma" wird hier gebraucht) hat und daß Paulus und Barnabas deshalb vornehmlich die Arbeit in anderen Kulturen tun sollten, während sie selbst sich darauf beschränkten, unter Juden zu arbeiten.
Es mag sein, daß einige den Begriff „Gabe des Missionars" nicht mögen. Mir ist es egal, wie diese Sache genannt wird. Für welchen Namen auch immer wir uns entscheiden, wir brauchen dringend eine ständig wachsende Armee von Männern und Frauen, die mit den nötigen geistlichen Gaben ausgerüstet sind, um die 2,4 Milliarden unerreichten Menschen in unserer Generation zu erreichen.

8. Und die übrigen Gemeindeglieder?

Bisher haben wir uns mit 17 geistlichen Gaben beschäftigt. Davon wurde die Gabe des Missionars als die wichtigste Gabe für die Aufgabe der Weltevangelisation bezeichnet; die Gabe des Evangelisten als die wichtigste Gabe für das Wachstum der Ortsgemeinde; und schließlich die Gabe des Hirtendienstes als die wichtigste Gabe für das geistliche Leben einer Gemeinde. Weil diese drei Gaben für den Gemeindeaufbau so entscheidend sind, wurde ihnen jeweils ein ganzes Kapitel gewidmet. Die anderen 14 Gaben habe ich im Kontext dieser drei Gaben erläutert.
In diesem Kapitel sollen die restlichen zehn Gaben behandelt werden. Ich betone auch hier: Für die Gesundheit des gesamten Leibes Christi sind sie genausowenig sekundär, wie Ohren, Zunge, Lungen und die Haut für die Gesundheit des menschlichen Körpers sekundär sind. Lediglich im Blick auf die Fortpflanzung kann man sie als sekundär bezeichnen. Und nur weil in diesem Buch der Schwerpunkt darauf liegt, wie man neue Menschen für die Gemeinde Jesu Christi gewinnen kann, werden diese Gaben etwas kürzer als die anderen behandelt.
Ferner möchte ich sie in vier Gruppen unterteilen, die offensichtlich in Beziehung zueinander stehen.

* Die Gabe der Erkenntnis

Obwohl die Zwillingsgaben Weisheit und Erkenntnis in 1. Korinther 12 in dieser Reihenfolge genannt werden, möchte ich die Reihenfolge umkehren und zuerst die Gabe der Erkenntnis, dann die Gabe der Weisheit besprechen. Erkenntnis hat mit dem Entdecken von Wahrheit zu tun, während sich Weisheit in der praktischen Anwendung dieser Wahrheit zeigt.

Die Gabe der Erkenntnis ist eine besondere Fähigkeit, die Gott einigen Gliedern am Leib Christi gibt, die sie befähigt, Informationen und Ideen, die für das Wohl und Wachstum der Gemeinde wichtig sind, zu entdecken, zu sammeln, zu analysieren und zu formulieren.

Ein Christ mit dieser Gabe gewinnt oft als erster eine neue Erkenntnis. Er bringt neue Ideen hervor, ist begierig zu lernen, hat ein großes Konzentrationsvermögen und ist fähig, ungewöhnlich viel Information aufzunehmen und zu verarbeiten. Oft sind Christen mit dieser Gabe Gelehrte, die in der Forschung tätig sind. Wenn diese Menschen nicht außerdem noch andere Gaben besitzen, die in eine andere Richtung gehen, haben sie gewöhnlich kein großes Bedürfnis, unter Menschen zu sein. Es macht sie glücklich, wenn sie an neuen Ideen arbeiten dürfen. Gerede und Klatsch sind für diese Menschen keine ernsthafte Versuchung – es langweilt sie eher.
Manchmal ist die Gabe der Erkenntnis mit der Gabe des Lehrens verbunden, wie es bei mir selbst der Fall ist. Aber es kann genausogut sein, daß Menschen mit der Gabe der Erkenntnis nicht die Gabe des Lehrens haben. Solche Menschen wissen bisweilen ungeheuer viel, sie sind fähig, komplizierte gedankliche Zusammenhänge zu erfassen, aber sie haben nur wenig Gespür für die Bedürfnisse ihrer Zuhörer. Wenn sie vor anderen reden, können sie langweilig und unbedeutend wirken.
Andererseits kann es sein, daß Christen mit der Gabenkoppelung Erkenntnis-Lehren weniger ausgeprägte intellektuelle Fähigkeiten haben als reine Gelehrte. Denn bei ihnen fließt viel Energie in die Ausarbeitung von Methoden, um ihr Wissen an den Mann zu bringen. Sie beherrschen die Körpersprache, wissen den Tonfall an der richtigen Stelle zu wechseln, verstehen visuelle Hilfsmittel einzusetzen. Sie haben ein Gespür dafür, wann eine neue Idee oder ein neues Konzept vorgestellt werden sollte.
Christen mit der Gabe der Erkenntnis wissen oft nicht, wo

ihre Ideen herkommen. Wenn sie eine neue Idee benötigen, ist sie einfach da. Aber solche Menschen brauchen viel Zeit für sich selbst, um Ideen zu entwickeln. Das erklärt wiederum, warum sie sich durch zu viele Menschen in ihrer Umgebung belästigt fühlen können.
Christen, die mit der Gabe der Erkenntnis direkt die Ausbreitung des Evangeliums fördern, sind die Bibelübersetzer. Viele von ihnen haben gleichzeitig die Gabe des Missionars. Die unendlichen Stunden des geduldigen Suchens nach Worten und Strukturen einer noch ungeschriebenen Sprache erfordert eine unglaubliche Konzentration. Aber weil sie die entsprechende Gabe haben, lieben diese Übersetzer ihre Isolation und die nur so mögliche volle Konzentration auf die Arbeit. Den meisten Christen geht es anders: Sie sind froh, daß es Menschen gibt, die in Hunderten von abgelegenen Orten diese Arbeit tun, aber sie sind auch dankbar, daß sie selbst diese Arbeit nicht tun müssen.
Einige Autoren – besonders aus der klassisch-pfingstlerischen Tradition – stimmen mit meiner Definition der Gabe der Erkenntnis nicht überein. Sie verstehen ein „Wort der Erkenntnis“ in ähnlicher Weise, wie ich selbst die Gabe der Prophetie definiere. Ich habe mich mit ihrer Auffassung gründlich beschäftigt und dabei herausgefunden, daß diese Autoren kaum zwischen den Gaben der Erkenntnis, der Weisheit und der Prophetie zu unterscheiden wissen. Aber wenn ich auch glaube, daß für meine Definitionen gute Gründe sprechen, so bin ich doch offen für andere Auffassungen. Das Etikett, mit dem wir ein bestimmtes Phänomen versehen, ist schließlich für den Gemeindeaufbau nicht entscheidend.

* Die Gabe der Weisheit

Ein Vergleich mit der Medizin kann deutlich machen, wie sich die Gabe der Erkenntnis und die Gabe der Weisheit zueinander verhalten. Wer die Gabe der Erkenntnis hat, behandelt geistliche Dinge wie ein Mediziner, der durch seine Forschungsarbeit neue Einsichten in Physiolo netik oder die Wirkungsweise eines Impfstoffes gewinn. Wer die Gabe der Weisheit besitzt, ist dagegen mit dem Arzt zu vergleichen, der die Diagnose stellt und die Erkenntnisse aus der medizinischen Forschung im einzelnen Fall anwendet.

Die Gabe der Weisheit ist eine besondere Fähigkeit, die Gott einigen Gliedern am Leib Christi gibt, die sie befähigt, anderen zu vermitteln, wie gegebene Erkenntnisse am besten auf bestimmte Fragestellungen innerhalb des Leibes Christi angewandt werden können.

Wer die Gabe der Weisheit hat, kann schnell zum Kern eines Problems vordringen. Er denkt sehr praktisch und ist als Problemlöser gefragt. Er hat wenig Schwierigkeiten, Entscheidungen zu treffen, da er mit relativ großer Genauigkeit die Konsequenzen absehen kann. Wenn ein Christ mit der Gabe der Weisheit sich zu einer Sache äußert, erkennen andere Gemeindeglieder, daß die Wahrheit ausgesprochen und der richtige Rat gegeben wurde. Formale Gelehrsamkeit ist in keiner Weise Voraussetzung für die Praktizierung dieser Gabe.
Da ich viel Zeit mit Kollegen verbringe, die wie ich für den Gemeindeaufbau tätig sind, beobachte ich ständig, wie verschieden Gott die Gaben unter ihnen verteilt hat. Diejenigen, die als erfolgreiche Gemeindeaufbau-Berater bekannt sind, haben offensichtlich die Gabe der Weisheit. Ich bin immer wieder erstaunt, mit welch scharfer Wahrnehmung und brilliantem Urteilsvermögen Männer wie John Wimber, Lyle Schaller und Carl George Gemeinden beraten. Ich bewundere diese Fähigkeit deshalb so sehr, weil ich nach vielen Bemühungen zu dem Ergebnis gekommen bin, daß ich sie nicht habe.
Ich selbst bin voll in meinem Element, wenn ich mit Hilfe von Informationen, die ich aus Büchern und Forschungsprojekten in wachsenden Gemeinden sammle, neue Hypo-

thesen entwickeln kann. Diese präsentiere ich dann in Seminaren und erhalte dort ein Feedback, das mich häufig zur Revision meiner Hypothesen veranlaßt. Anschließend veröffentliche ich die Ergebnisse in einem Buch. All dies ist meiner Meinung nach typisch für die Gabe der Erkenntnis.
Aber sobald es darum geht, mich mit irgendeinem Pfarrer hinzusetzen, um gemeinsam zu überlegen, wie all die Theorie, die ich ihm vermittelt habe, in seiner konkreten Situation praktisch werden kann, gerate ich in Schwierigkeiten. Deshalb arbeite ich in solchen Fällen gerne mit Menschen wie John Wimber oder Carl George zusammen, die die Gabe der Weisheit haben. In dieser Art sollte die Aufgabenteilung im Leib Christi funktionieren.

Die Gaben der Barmherzigkeit, des Helfens und des Dienens

Es scheint mir, daß die Gaben der Barmherzigkeit, des Helfens und des Dienens in besonders großem Maße unter Christen zu finden sind. Aber man erkennt sie oft nicht auf den ersten Blick, denn sie ziehen nicht unbedingt die Aufmerksamkeit der Öffentlichkeit auf sich. Nur wenige Christen erlangen Berühmtheit, weil sie anderen helfen.

* Die Gabe der Barmherzigkeit

Die Gabe der Barmherzigkeit ist eine besondere Fähigkeit, die Gott einigen Gliedern am Leib Christi gibt, die sie befähigt, gegenüber anderen Menschen, die in körperlichen, seelischen oder geistlichen Problemen stecken, echtes Mitgefühl zu zeigen, und dieses Mitgefühl in praktische Taten umzusetzen, die Christi Liebe zu den Leidenden widerspiegeln.

Christen mit der Gabe der Barmherzigkeit engagieren sich in Beziehungen zu einzelnen Menschen. Sie haben einen Blick dafür, wer auf Hilfe angewiesen ist, und dienen mit

praktischer Unterstützung. Ihre Freundlichkeit ist selbstlos und ohne Künstlichkeit, sie erwartet keine Gegenleistung. Während Christen mit der Gabe der Seelsorge hauptsächlich mit *Worten* der Liebe helfen, drückt sich die Gabe der Barmherzigkeit primär in liebevollen *Taten* aus.
Die Gabe der Barmherzigkeit kommt Kranken, Einsamen, Gefangenen, Blinden, Armen, Alten, Verunstalteten, und körperlich und geistig Behinderten zugute. Sie richtet sich an Christen und Nichtchristen.
Von jedem Christen kann Barmherzigkeit erwartet werden. Es ist eine christliche Universalrolle, die die Frucht des Geistes widerspiegelt. Wer aber darüber hinaus die besondere Gabe der Barmherzigkeit hat, macht das Mitgefühl mit anderen Menschen zu seinem Lebensstil. Er reagiert nicht nur auf Notfälle, was von jedem Christen erwartet werden kann. Vielmehr sucht er fortwährend nach Gelegenheiten, um leidenden Menschen sein Mitgefühl zu zeigen.
Die „First Baptist Church" in Hammond, Indiana, hat ihre Gemeindeglieder mit der Gabe der Barmherzigkeit in einer Weise mobilisiert, wie ich es selten erlebt habe. Als ich das letzte Mal dort war, sah ich, wie 450 Behinderte die geduldige und mitfühlende Hilfe von wunderbaren Männern und Frauen Gottes erfuhren, deren Namen wahrscheinlich niemals die Schlagzeilen machen werden, die ihr Pastor, Jack Hyles, seit Jahren macht. Ich sah Busse mit hydraulischen Aufzügen, um die Rollstühle zu transportieren – alles finanziert von den freiwilligen Gaben der Gemeindeglieder. Dazu kommen wachsende Programme für die Tauben und die Blinden. Dieser Dienst der Barmherzigkeit ist einer der Gründe, warum die Gemeinde innerhalb von zehn Jahren um 400 Prozent gewachsen ist.

* Die Gabe des Helfens

Während ich Gott von Herzen für meine Gaben dankbar bin, weiß ich sehr genau, daß ohne die Hilfe einer Sekretärin meine Effektivität um mehr als 50 Prozent sinken würde.

Um meine Gaben fruchtbar einsetzen zu können, bin ich in hohem Maße auf die Gabe des Helfens angewiesen.

Die Gabe des Helfens ist eine besondere Fähigkeit, die Gott einigen Gliedern am Leib Christi gibt, die sie befähigt, ihre eigenen Begabungen in den Dienst anderer Christen zu stellen, um diesen Mitchristen zu ermöglichen, ihre Gaben wirksamer einzusetzen.

Menschen mit der Gabe des Helfens sind mit jenen Trägern vergleichbar, die einen Gelähmten auf der Bahre zu Jesus brachten (vgl. Mk 2,1-12). Wer hat je ihre Namen gehört? Wer kennt die Namen Stephanie Wills, Marge Kelley oder Irma Griswold? Sie alle üben ihre Gabe des Helfens als Sekretärinnen oder Verwaltungsangestellte aus. Die Namen der Menschen, denen sie helfen, sind dagegen zu Markenzeichen geworden. Diese Frauen stellen ihre Gabe in den Dienst von Billy Graham, Robert Schuller und Bill Bright, und ermöglichen ihnen damit, ihre Gaben besser zum Einsatz zu bringen.
Die Gabe des Helfens richtet sich in der Regel auf eine Einzelperson – ähnlich wie die Gabe der Barmherzigkeit. Im Gegensatz zur Gabe der Barmherzigkeit sind jedoch die Empfänger dieser Dienste normalerweise nicht die Bedrückten und Ausgestoßenen, sondern andere Christen, die Hilfe bei der Ausübung ihrer geistlichen Gaben brauchen.
Zwei Ausprägungen der Gabe des Helfens beeindrucken mich besonders, weil ich in hohem Maße auf sie angewiesen bin. Einmal ist es der Beruf des Lektors. Ich selber könnte solche Arbeit nicht tun, weil ich eine tiefe Abneigung dagegen habe, an den Manuskripten anderer Leute zu arbeiten. Studenten, die mich als Mentor wählen, wissen, daß sie bei ihren Diplom- und Doktorarbeiten größtenteils auf sich selbst gestellt sind. Andere Kollegen jedoch scheinen die Gabe des Helfens zu haben und können stundenlang mit der Korrektur und Überarbeitung der Arbeiten zubringen, die

ihnen die Studenten eingereicht haben. Bücher wie dieses gehen zwischen der Abgabe des Manuskriptes und der endgültigen Version zur Veröffentlichung durch die Hände von fähigen Lektoren, die der Verlag damit beauftragt hat, sie gründlich zu bearbeiten und „aufzupolieren". Diesen Leuten bin ich von Herzen dankbar.
Ein extremes Beispiel für Menschen mit der Gabe des Helfens sind „Ghostwriter". Aus ihrer Feder stammen viele Bücher und Predigten, die unter den Namen bekannter Autoren weite Verbreitung finden. Vielleicht bewundere ich diese Menschen deshalb so sehr, weil ich mir mit meiner speziellen Gabenkombination eine solche Arbeit absolut nicht vorstellen könnte.
Wenn alle Gaben des Geistes in den Gemeinden voll zum Einsatz kämen, würde wahrscheinlich bei einem hohen Prozentsatz von Christen erkennbar werden, daß Gott ihnen die Gabe des Helfens gegeben hat. Wie entlastend könnte sich dieser Dienst für viele Pfarrer auswirken, die durch mannigfache Aufgaben, die nur wenig mit ihren geistlichen Gaben zu tun haben, völlig überarbeitet sind!

* Die Gabe des Dienens

Manche Übersetzungen geben das griechische Wort für Dienst (diakonia) mit „Amt" wieder. Weil aber „Amt" mittlerweile zu einem sehr vieldeutigen Begriff geworden ist, halte ich es für angemessener, von der Gabe des Dienens zu reden. In vielen Fällen hat diese Gabe nur wenig mit den Menschen zu tun, die ein bestimmtes Amt in der Kirche innehaben.
Aus dem griechischen Wort „diakonos" leitet sich unsere Bezeichnung „Diakon" ab. In etlichen Fällen werden aber von hauptberuflichen Diakonen ganz andere Gaben erwartet als allein die des Dienens. Ursprünglich jedoch war ein Diakon ganz einfach jemand, der anderen Menschen diente.

Die Gabe des Dienens ist eine besondere Fähigkeit, die Gott einigen Gliedern am Leib Christi gibt, die sie befähigt, zu erkennen, wo sie sich engagieren müssen, damit eine bestimmte Aufgabe ausgeführt werden kann, und vorhandene Mittel einzusetzen, daß die erwünschten Ziele erreicht werden.

Die Gabe des Dienens ist keine Gabe, die sich auf eine einzelne Person konzentriert wie die Gaben der Barmherzigkeit und des Helfens. Sie ist überwiegend aufgabenorientiert. Sie richtet sich mehr auf eine Institution mit ihren Zielen als auf eine bestimmte Person. Christen mit dieser Gabe haben oft vielfältige Fähigkeiten, die sie bei Bedarf anderen anbieten können. Man kann auf sie zählen.

Alle drei Gaben dieser Gruppe – Barmherzigkeit, Helfen und Dienen – sind für das Wohlergehen jeder Gemeinde wichtig. Ich vermute, das Neue Testament meint genau diese Gabengruppe, wenn es in 1. Korinther 12,22 heißt: „Vielmehr sind die Glieder des Leibes, die uns die schwächsten zu sein scheinen, die nötigsten."

Die Gaben der Prophetie, des Zungenredens und der Auslegung des Zungenredens

Diese drei Gaben haben alle einen „offenbarenden" Charakter. Damit meine ich, daß Gott durch Menschen mit dieser Gabe neue Informationen sichtbar macht. Das darf nicht mit der Offenbarung verwechselt werden, die die Heilige Schrift enthält. Wir glauben, daß Gott die Autoren der einzelnen Bibelteile inspirierte, um seinem geschriebenen Wort für immer den ersten Rang unter aller Literatur einzuräumen.

Die drei Gaben, um die es hier geht, sind nicht *das* Wort Gottes, sie sind *ein* Wort *von* Gott. Christen, die durch die Praktizierung ihrer Geistesgabe ein Wort von Gott übermitteln, können sich irren. Offenbarungen, die durch Prophetie oder Zungenreden weitergegeben werden, müssen immer einer Prüfung im Licht von Gottes geschriebenem Wort standhalten. Der erste Test, ob eine Prophetie wahr ist oder nicht, besteht im Vergleich mit der Heiligen Schrift. Ich erinnere mich an das Beispiel eines Mannes, der in seinem Auto mit 130 Stundenkilometern durch die Geschäftsstraße einer Stadt raste und dabei drei Menschen tötete. Später sagte er in einem Interview, er habe dies getan, weil Gott es ihm befohlen habe. Wir wissen, daß dies eine falsche Prophetie war, weil sie mit den ethischen Lehren der Bibel nicht in Einklang zu bringen ist.

Christen mit der Gabe der Unterscheidung der Geister können echte und falsche Prophetie auseinanderhalten. Sie sollten ermutigt werden, von ihrer Gabe Gebrauch zu machen. Für Christen, die diese Gabe nicht haben, ist eine Differenzierung schwieriger, aber nicht unmöglich.

Manche Christen begehen den Fehler, das Studium von Gottes Wort zu vernachlässigen, sobald sie entdecken, daß es in ihrer Gemeinde einige Menschen gibt, die die Gabe der Prophetie oder des Zungenredens haben. Sie meinen, daß diese „direkten" Botschaften, die weniger Mühe erfordern als ausführliches Bibelstudium, alles sind, was sie brauchen. Auch in einem solchen Fall bleiben diese Gaben wirkliche Geistesgaben, aber sie werden furchtbar mißbraucht.

Das andere Extrem bilden Christen, die leugnen, daß Gott heute durch Prophetie und Zungenreden spricht. Sie sind von dem Wunsch beseelt, die Einzigartigkeit und Autorität des geschriebenen Wortes zu wahren. Ihr Motiv ist ehrenwert – aber sie müssen begreifen, daß es sich bei dieser Frage nicht um ein Entweder-Oder handelt. Sowohl die biblische Lehre über geistliche Gaben als auch die Erfahrung von unzähligen reifen christlichen Schwestern und Brüdern zwingt uns zu der Schlußfolgerung, daß Gott heute auf ebenso direkte und spezifische Weise in bestimmten Situationen spricht, wie er es gegenüber seinem Volk Israel und unter den Christen des ersten Jahrhunderts getan hat. Seine wichtigsten – wenn auch nicht ausschließlichen – Werkzeuge dabei sind die Gaben der Prophetie, des Zungenredens und der Auslegung des Zungenredens.

* Die Gabe der Prophetie

Die Gabe der Prophetie ist eine besondere Fähigkeit, die Gott einigen Gliedern am Leib Christi gibt, die sie befähigt, eine Botschaft Gottes für sein Volk unmittelbar durch den Heiligen Geist zu empfangen und weiterzugeben.

Da „Prophetie" heute normalerweise mit „Zukunftsdeutung" gleichgesetzt wird, finden es manche Christen überraschend, daß die biblische Prophetie genauso die Gegenwart einschließt. Tatsächlich bezieht sich die Gabe der Prophetie viel häufiger auf gegenwärtige Situationen als auf zukünftige Ereignisse. Die wörtliche Übersetzung des griechischen Wortes für Prophetie heißt „aussprechen" oder „für andere sprechen". Christen, die die Gabe der Prophetie haben, erhalten eine Eingebung, was Gottes Absicht in einer bestimmten Situation ist.

Der Prophet kann sich irren. Deshalb muß er für Korrektur durch andere Gemeindeglieder offen sein. Christen, die wirklich die Gabe der Prophetie besitzen, sind dazu bereit. Sie möchten, daß das, was sie sagen, überprüft wird; und wenn sich dabei ihre Worte als falsch erweisen sollten, werden sie es eingestehen. Sie wünschen ausdrücklich, daß ihre Prophetien sowohl durch Gottes Wort als auch durch den Leib Christi bestätigt werden.

Menschen, denen eine Prophetie gilt, können dadurch Trost, Führung, Warnung, Ermutigung, Ermahnung, ein Urteil Gottes oder sein aufrichtendes Wort empfangen. Manche Prophetien sind an einzelne Menschen, andere an den gesamten Leib Christi gerichtet. In beiden Fällen sollten sie als authentische Botschaften geachtet werden. Wenn die Gabe vom Leib Christi erst einmal bestätigt ist, sollte den Worten dieser Person Vertrauen geschenkt werden.

Manche Autoren setzen die Gabe der Prophetie mit einer guten Predigt gleich. Sie stellen die Auffassung in Frage, daß es Gott heute gefällt, durch Christen mit dieser Geistesgabe ganz spezifische Botschaften zu übermitteln. Ich persönlich stimme mit dieser Auffassung nicht überein, weiß aber gleichzeitig, daß sie von vielen bedeutenden Christen vertreten wird. Da ich diese Christen sehr achte, muß ich auf der Hut sein. Am Ende bin ich vielleicht derjenige, der sich geirrt hat. Allerdings: Bisher konnte ich noch keine Beziehung zwischen den verschiedenen Standpunkten in dieser Frage und dem Gemeindeaufbau feststellen. Gott scheint seine Kinder auf beiden Seiten dieser Auseinandersetzung zu segnen – vorausgesetzt, daß andere Gemeindeaufbau-Prinzipien nicht mißachtet werden. Mein Rat ist der: Vertrauen Sie Gott, daß er Ihnen zeigen wird, welchen Standpunkt Sie oder Ihre Gemeinde in dieser Frage einnehmen sollten. Und rechnen Sie damit, daß Gott durch Ihr Segment des Leibes Christi zu seiner Ehre und für die Rettung vieler Menschen arbeiten will. Er wird Sie nicht enttäuschen.

Eine Variation der prophetischen Gabe zeigt sich in einem ausgeprägten sozialkritischen Bewußtsein. Das fällt besonders beim Studium der Propheten des Alten Testaments auf. Christen mit dieser Gabenvariation sind häufig politisch orientiert. Sie nehmen sehr bewußt die gesellschaftlichen Entwicklungen in ihrem Land und in anderen Teilen der Welt wahr. Sie setzen ihre Energie dafür ein, in der Öffentlichkeit auf soziale Mißstände aufmerksam zu machen. Ihrer eigenen Gesellschaft stehen sie oft ausgesprochen kritisch gegenüber. Unter Evangelikalen schien diese Gabe eine Zeitlang zu ruhen, aber in den letzten Jahren wurde sie von vielen neu entdeckt und eingesetzt – zum Segen der Christen, die diese Gabe nicht haben.

Christen mit dieser gesellschaftlich-orientierten Gabenvariation sind häufig Menschen, die sehr viel Unabhängigkeit brauchen. Da ihre Botschaft oft unpopulär ist, würden sie sich eingeschränkt fühlen, wenn sie zu eng an eine Institution gebunden wären. Und viele kirchliche Institutionen haben solche Propheten gar nicht gerne in ihren Reihen. Selten wird ein Christ mit dieser Gabenvariation Pfarrer einer wachsenden Gemeinde sein. Dem Gemeindeaufbau stehen solche Leute eher skeptisch gegenüber. Sie haben selten die Gaben der Organisation oder der Leitung, nehmen deshalb auch nur selten ein offizielles Amt ein. Sie meiden, wenn irgend möglich, die kirchliche Bürokratie und fühlen sich wohler in ihrer Rolle als außenstehender Kritiker.

* Die Gabe des Zungenredens

Ich habe so viel über die Gabe des Zungenredens gelesen, daß ich davon beinahe übersättigt bin. Mir scheint, daß dieser Gabe in den letzten Jahren zu viel Beachtung geschenkt wurde. Dieses übermäßige Interesse hat viel mit der Debatte zu tun, ob Zungenreden als Zeichen für die „Taufe im Heiligen Geist" verstanden werden kann, wie es einige Gruppierungen lehren. Zu dieser Frage gibt es die unterschiedlichsten Auffassungen. Ich möchte auf diese Streitfrage nicht eingehen, (a) weil ich dem, was bereits zu dem Thema geschrieben worden ist, nichts Neues mehr hinzufügen könnte, und (b) weil ich keinerlei Beziehung zwischen dieser Frage und dem Gemeindeaufbau erkennen kann.

Die Gabe des Zungenredens ist eine besondere Fähigkeit, die Gott einigen Gliedern am Leib Christi gibt, die sie befähigt, (a) mit Gott in einer Sprache zu reden, die sie nie gelernt haben, und/oder (b) eine unmittelbare Botschaft von Gott zu empfangen und sie an die Gemeinde durch eine geistgegebene Äußerung in einer Sprache weiterzugeben, die sie nie gelernt haben.

Die erste Variation dieser Gabe könnte „privates Zungenreden", die zweite „öffentliches Zungenreden" genannt werden. Der private Gebrauch des Zungenredens wird oft auch als „Gebetssprache" bezeichnet. Die Gabe der Auslegung des Zungenredens kommt in diesem Fall nicht zur Anwendung. In 1. Korinther 14,28 betont Paulus, daß Zungenreden ohne Auslegung nicht in die Gemeindeversammlung gehört. Wer diese Gabe hat, „der rede für sich selber und für Gott".

Robert Tuttle ist einer meiner Kollegen am „Fuller Seminary“, der die Gabe des privaten Zungenredens hat. Er sagt: „Es gibt Zeiten in meinem Gebetsleben, wo es mir nicht mehr möglich ist, das, was in meinem Innersten vor sich geht, in eigenen Worten auszudrücken. An solchen Punkten erlaube ich dem Heiligen Geist, durch mich in einer Sprache zu beten, die ich nicht gelernt habe. Glauben Sie mir, ich weiß, was es heißt, eine Sprache zu erlernen. Ich mühe mich Tag für Tag mit den Sprachen des biblischen Urtextes ab. Auch beim Zungenreden handelt es sich meiner Meinung nach wirklich um eine Sprache. Mein Wortschatz wächst. Ich weiß genug über Sprachen, um fähig zu sein, Satzstrukturen zu erkennen. Meine unbekannte Gebetssprache hat Punkte, Kommata und Ausrufezeichen. Sie ist eine wunderbare Gabe.“
Nicht alle, die sich mit den Gaben des Geistes befaßt haben, stimmen darin überein, daß es sich beim Zungenreden um eine wirkliche Sprache handelt. Linguisten haben Tonbandaufzeichnungen von Personen, die in Zungen redeten, untersucht und behaupten, es sei darin keine Satzstruktur zu erkennen. Aber vielleicht hat es sich bei dem, was sie aufzeichneten, um sogenannte „ekstatische Äußerungen“ gehandelt, während es sich bei dem, was Robert Tuttle aus seiner Erfahrung berichtet, durchaus um eine Sprache handeln mag. Indessen: Ob ekstatische Äußerungen oder strukturierte Sprache, die Funktionen sind die gleichen. Harald Bredesen hat sie folgendermaßen beschrieben:

1. Zungenreden befähigt unseren Geist zu einer direkten Kommunikation mit Gott, die über unseren Verstehenshorizont hinaus geht.

2. Zungenreden befreit den Geist Gottes in uns.

3. Zungenreden befähigt den Geist, sich über Seele und Leib zu erheben.

4. Zungenreden dient der Läuterung und ist deshalb wichtig für unsere psychische Gesundheit.

5. Zungenreden kommt unserem Bedürfnis nach einer völlig neuen Sprache für den Lobpreis Gottes entgegen.

Diese Aussagen müssen nicht noch kommentiert werden. Sie spiegeln ganz offensichtlich die Selbstwahrnehmung eines Christen wider, der diese Gabe hat und sie auch einsetzt. Ich vermute, daß der private Gebrauch des Zungenredens von allen Gaben am meisten projiziert wird. Christen, die diese Gabe haben, empfinden sie als so einfach und so natürlich, daß sie dazu geneigt sind zu sagen, jeder könne es ihnen gleichtun. Sie zitieren die Aussage des Paulus: „Ich wollte, daß ihr alle in Zungen reden könntet" (1 Kor 14,5). Aber vielleicht wird aus diesem Pauluszitat mehr herausgelesen, als Paulus selber sagen wollte, denn er wendet sich in diesem Zusammenhang ja konkret gegen den Mißbrauch des Zungenredens in Korinth.
Wenn es so etwas wie eine christliche Universalrolle des Zungenredens gäbe, würde sie an dieser Stelle gut passen – aber ich vermute, daß es sich beim Zungenreden um eine Gabe handelt, zu der es keine entsprechende Universalrolle gibt. An dieser Stelle ist noch ein gründlicheres Studium notwendig, bevor irgendwelche dogmatischen Aussagen gemacht werden können. Aber auch jetzt schon kann ich sagen: Ich kenne einige reife Christen, die sich über einen längeren Zeitraum ernsthaft darum bemüht haben, in Zungen zu beten – jedoch ohne Erfolg. Zu behaupten, daß sie nicht mit dem Heiligen Geist erfüllt seien, wäre in ihrem Fall unzutreffend und nicht fair. Die beste Möglichkeit, sich dies zu erklären, ist die: Sie haben einfach nicht die Gabe des Zungenredens.

* Die Gabe der Auslegung des Zungenredens

Der zweite Teil in unserer Definition der Gabe des Zungenredens ist eng verbunden mit der Gabe ihrer Auslegung. Ohne Auslegung ist der öffentliche Gebrauch dieser Gabe bedeutungslos und hat keinen Platz in der Gemeindeversammlung (vgl. 1 Kor 14,27-28).

Die Gabe der Auslegung des Zungenredens ist eine besondere Fähigkeit, die Gott einigen Gliedern am Leib Christi gibt, die sie befähigt, die Botschaft, die ein anderer in Zungen gibt, in einer allgemein verständlichen Sprache wiederzugeben.

Zungenreden und Auslegung des Zungenredens treten häufig als gekoppelte Gaben auf. Es gibt zwar einige Christen, die die Gabe der Auslegung haben, ohne selbst in Zungen reden zu können, aber das ist die Ausnahme. Meistens bekommen Christen zu ihrer Gabe des Zungenredens noch die Gabe der Auslegung dazu. Das heißt, daß sie in der Lage sind, eine Botschaft, die sie in Zungen gegeben haben, auch selbst auszulegen. In anderen Fällen dagegen gibt einer die Botschaft, und ein anderer legt sie aus.

Es muß nicht viel zum öffentlichen Gebrauch des Zungenredens gesagt werden, außer vielleicht, daß sie eine ähnliche Aufgabe hat wie die Prophetie. 1. Korinther 14 weist darauf hin. Das, was ich eben zur Gabe der Prophetie gesagt habe, gilt also auch hier.

Ein interessantes Phänomen verdient in diesem Zusammenhang noch Beachtung. Ich weiß von Menschen, die als Missionare in ein anderes Land gingen und spontan in der Lage waren, die Sprache der Einwohner zu sprechen, ohne daß sie sie jemals gelernt hatten. Ist dies die Gabe des Zungenredens? Meiner Meinung nach nicht. Ich sehe es einfach als ein Wunder an, das Gott in einer bestimmten Situation getan hat.

Die Gabe der Wundertaten und der Heilung

Während Prophetie und Zungenreden als unmittelbare *Worte* übernatürlichen Ursprungs aufgefaßt werden können, sind Wundertaten und Heilungen unmittelbare *Taten* übernatürlichen Ursprungs. In beiden Fällen sind Christen die Kanäle, die Gott für sein außergewöhnliches Wirken gebraucht.

* Die Gabe der Wundertaten

Die Gabe der Wundertaten ist eine besondere Fähigkeit, die Gott einigen Gliedern am Leib Christi gibt, die sie befähigt, als menschliche Werkzeuge zu dienen, durch die Gott machtvolle Taten vollbringt, die nach der Wahrnehmung von Beobachtern die Naturgesetze durchbrechen.

Man beachte bei dieser Definition, daß sie auch solche Wundertaten nicht ausklammert, die sich im Nachhinein durch westliche Wissenschaftsmethoden auf natürliche Weise erklären lassen. Ich habe lange Auseinandersetzungen darüber gelesen, warum Menschen, die in Indonesien vom Tod auferweckt wurden, in Wirklichkeit gar nicht tot gewesen seien. Deshalb sagen einige, daß nach unserem westlichen Verständnis von Tod gar keine Totenauferweckung stattfand.
Ich halte die ganze Diskussion für wenig interessant. Gott vollbrachte diese Wunder für Indonesier, nicht für Amerikaner oder Europäer. Wenn die Indonesier – nach den Erkenntnissen, die sie von der Welt haben – davon überzeugt waren, daß Tote auferweckt wurden, dann war dies ein wirkliches Wunder. Für sie wurden hier Naturgesetze durchbrochen. Wenn durch diese Ereignisse indonesische Christen in ihrem Glauben gestärkt und indonesische Nichtchristen von der Macht Gottes überzeugt wurden und Christus nachfolgten, dann haben die Wunder ihren Zweck erfüllt. Selbst bei uns im Westen sind die führenden Mediziner und Juristen nicht zu einer einheitlichen Definition in der Lage, wann der Tod exakt eintritt. Warum also unsere ungenaue Weltsicht der ungenauen Weltsicht der Indonesier überstülpen?
In unserem westlichen Kulturkreis neigen wir dazu, alle Phänomene, die nicht logisch zu erklären sind, anzuzweifeln. Das ist zweifellos einer der Gründe dafür, warum in unseren Kirchen heute so wenige Wunder geschehen. Aber wir haben kein Recht, mit unserem gelehrten Skeptizismus

die Wundertaten Gottes in anderen Kulturen anzuzweifeln, wo die Menschen viel offener gegenüber dem übernatürlichen Eingreifen Gottes sind.
Ich beobachte, wie sich unsere eigene Kultur mehr und mehr den übernatürlichen Dingen öffnet. Das wachsende Interesse am Transzendenten, das sich sowohl im christlichen wie im außerchristlichen Bereich zeigt, macht deutlich, daß viele Menschen mit dem Materialismus, den Wissenschaft und Technologie zum Teil unserer Kultur gemacht haben, nicht mehr zufrieden sind. Wenn diese Beobachtung richtig ist, dann ist möglicherweise die Zeit reif wie nie zuvor, daß die Gabe der Wundertaten auch in unseren Gemeinden neu erwacht.
Einige fürchten sich vor derartigen Manifestationen der Kraft Gottes, weil die Gabe der Wundertaten so leicht mißbraucht werden kann. Das ist wahr, aber kein Grund dafür, diese Gabe voreilig zu verwerfen. Ja, Gott segnet auch Gemeinden, die die Gabe der Wundertaten nicht zulassen – und er wird sie auch weiterhin segnen. Aber es ist nicht einfach, die Ablehnung von Wundern biblisch zu rechtfertigen. Solche Aversionen sind wahrscheinlich mehr kulturell als biblisch begründet.

* Die Gabe der Heilung

Die Gabe der Heilung ist eine besondere Fähigkeit, die Gott einigen Gliedern am Leib Christi gibt, die sie befähigt, als menschliche Werkzeuge zu dienen, durch die Gott ohne den Einsatz von natürlichen Heilmitteln die Gesundheit kranker Menschen wiederherstellt.

In gewisser Weise kann die Gabe der Heilung als eine spezifische Manifestation der Gabe der Wundertaten verstanden werden. Da aber beide Gaben in der Bibel gesondert erwähnt werden, möchte auch ich zwischen beiden unterscheiden. Die Gabe der Heilung kann sich bei den verschiedensten Krankheiten auswirken. Die wörtliche Übersetzung von 1 Korinther 12,28, wo von dieser Gabe die Rede ist, heißt „Gaben der Heilungen". Der Plural scheint ausdrükken zu wollen, daß es viele Variationen dieser Gabe für unterschiedliche Krankheiten gibt.

Es wäre nicht richtig, die Gabe der Heilung nur auf körperliche Krankheiten begrenzen zu wollen. Die Gabe kann ebenso eingesetzt werden, um geistige, emotionale und geistliche Krankheiten zu heilen. Agnes Sandford zum Beispiel ist für ihre Gabe bekannt, die Erinnerung zu heilen. Eine andere Christin, Ruth Carter Stapleton, beschäftigt sich besonders mit „innerer Heilung". Es gibt noch viel mehr Variationen dieser Gabe.

Die Gabe der Heilung gibt einem Christen keine übernatürliche Gewalt über eine Krankheit. Der Mensch ist einfach ein Kanal, durch den Gott wirkt, wenn er heilen will. Christen mit der Gabe der Heilung haben nicht die Macht, die Krankenhäuser zu leeren, es sei denn, Gott würde beschließen, dies durch sie zu tun. Keiner von uns kann völlig verstehen, wie Gott zu Krankheit und Gesundheit steht. Manchmal ist Krankheit Teil des Planes, den Gott mit einem Menschen hat, wie wir zum Beispiel bei Hiob lernen können. Der Apostel Paulus hatte einen „Pfahl im Fleisch", worunter aller Wahrscheinlichkeit nach ein körperliches Leiden zu verstehen ist, aber Gott entschied sich, ihn nicht davon zu erlösen (vgl. 2 Kor 12 1-9). Und schließlich: Keine Heilung ist dauerhaft. Soweit wir wissen, sind alle Menschen, die Jesus selber geheilt hatte, später doch gestorben.

Die Gabe der Heilung macht Ärzte und Krankenschwestern nicht überflüssig. In vielen Fällen gefällt es Gott, moderne Heilmittel der Medizin zu gebrauchen, obwohl dies nicht mit der Gabe der Heilung verwechselt werden sollte. Christliche Ärzte setzen normalerweise ihre natürlichen Begabungen ein, keine Geistesgabe. Als Timotheus ein Magenleiden hatte, sandte ihm Paulus zur Heilung kein von ihm berührtes Schweißtuch. Paulus hatte das Schweißtuch in Ephesus mit Erfolg benutzt (vgl. Apg 19,12), aber in diesem Fall empfahl er Timotheus, ein wenig Wein zu trinken (vgl. 1 Tim

5,23). Manchmal verwendet Gott natürliche Mittel, ein anderes Mal heilt er auf übernatürliche Weise. Wer die Gabe der Heilung hat, kann Gott nicht manipulieren. Er ist nichts anderes als ein Kanal, den Gott besonders häufig benutzt.
Gott hat mich persönlich auf beide Arten geheilt. Meistens wurde ich durch Ärzte und normale Heilmittel wieder gesund. Einmal heilte mich Gott jedoch, indem er übernatürlich an mir handelte: Vor einigen Jahren hatte ich in Bolivien eine offene Wunde am Nacken, die nach einer Operation nicht heilen wollte. Ich sollte ein zweites Mal operiert werden. In dieser Zeit nahm ich an einer Veranstaltung teil, in deren Verlauf ich merkte, daß es ein Heilungsgottesdienst war. Während dieses Gottesdienstes bekam ich die Gewißheit, geheilt zu sein. Als ich nach Hause kam, nahm ich den Verband ab. Dieser war immer noch voller Eiter. Aber mit einem Dankgebet ging ich zu Bett, und am nächsten Morgen war die Wunde geheilt. Der Arzt war erstaunt, aber da er auch Christ war, konnten wir gemeinsam Gott preisen!
Als ich die Pfingstbewegung in Lateinamerika untersuchte, fand ich heraus, daß einer der wichtigsten Faktoren für ihr unglaubliches Wachstum innerhalb der letzten 25 Jahre die vielen Glaubensheilungen waren. Diese Christen rechnen damit, daß Gott auch anders als durch natürliche Heilmittel heilen kann und will – und erleben es auch. Nicht-Pfingstler glauben eher, daß Gott zwar heilen kann, aber nicht will – und erleben es auch kaum. Wenn der Glaube fehlt, geschieht keine Heilung. Das mußten bereits die Jünger Jesu lernen. Sie hatten „wenig Glauben" – so wie viele Christen heute.
Ich kenne eine ganze Reihe von Gemeinden mit sehr unterschiedlichen Frömmigkeitsstilen, in denen der Heilungsdienst zum normalen gemeindlichen Leben gehört – genauso wie Abendmahlsfeiern oder Bibelarbeiten. Einige von ihnen praktizieren den Heilungsdienst einfach aufgrund ihrer christlichen Universalrolle, ohne nach speziellen Gaben zu fragen. Jeder Christ sollte bereit sein, für Kranke zu beten und sie mit Öl zu salben (vgl. Jak 5,14-15). Mir scheint, daß

die Mehrheit unserer Gemeinden durch die Unterlassung des Gebetes für Kranke ein erhebliches Maß an Dynamik im Gemeindeaufbau einbüßen. Wie gerne würde ich Hunderte von Gemeinden sehen, die der heilenden Kraft Gottes in ihrer Mitte Raum gewähren, um so Tausende von Menschen zu Jesus Christus und seiner Liebe zu ziehen.

9. Gemeindeaufbau durch geistliche Gaben – fünf Schritte

Die besten Theorien über geistliche Gaben werden nichts bewirken, solange die Gaben in der Gemeinde nicht zum Einsatz kommen. Wie aber kann das geschehen? Darum soll es in diesem Kapitel gehen.

Vor kurzem nahm ich an einem Treffen christlicher Leiter aus aller Welt teil. Nach einem Austausch wurde jeder in unserer kleinen Runde gebeten, Gott für eine spezielle geistliche Gabe zu danken. Ich nahm schnell Bleistift und Notizpapier zur Hand, um die Antworten zu notieren. Hier sind sie: „Predigen des Evangeliums", „der Heilige Geist", „Jesus Christus", „der lebenspendende Geist", „Billy Graham", „Familienangehörige, Freunde, Kinder", „Lehren", „Brüder und Schwestern in Christus".

Ich gebe zu, daß ich derjenige war, der „Lehren" als geistliche Gabe nannte, für die er Gott danken wollte. Ich vermute, daß mit „Predigen des Evangeliums" die Gabe des Evangelisten gemeint war. Aber ich war enttäuscht, daß in einer Gruppe wie dieser nur 25 Prozent klar auszudrücken wußten, was eine Geistesgabe ist. Wenn schon bei führenden christlichen Leitern eine solche Unsicherheit im Blick auf geistliche Gaben herrscht, wie soll es dann erst an der Basis aussehen?

Ich möchte in diesem Kapitel fünf Schritte nennen, die dazu beitragen können, diese Situation zu ändern. Sie sind, wie das ganze Buch, für Pfarrer und Laien bestimmt. Zwei Voraussetzungen müssen hier ausdrücklich betont werden: Erstens sollte der Pfarrer davon überzeugt sein, daß das Entdecken, Entwickeln und Einsetzen der Geistesgaben Gottes Wille für seine Gemeinde ist, und er muß bereit sein, die Verantwortung für diesen Prozeß zu übernehmen. Zweitens setze ich voraus, daß der Pfarrer Gemeindeaufbau will und davon ausgeht, daß dies dem Willen Gottes entspricht. Sollte Ihr Pfarrer dem Gemeindeaufbau oder geistlichen Gaben gegenüber gleichgültig oder feindlich eingestellt sein, gebe ich Ihnen den Rat, die folgenden fünf Schritte aufzuschieben, weil sie sonst zum Scheitern verurteilt sind. Ich habe die Hoffnung, daß dieses Buch dazu beitragen wird, die Haltung vieler zögernder Pfarrer zu ändern. Gelingt dies nicht durch mein Buch, andere Bücher, Seminare oder seelsorgerliche Gespräche, dann lassen Sie nicht nach, zu beten und den Zeitpunkt abzuwarten, den Gott für Ihre Gemeinde vorgesehen hat.

1. Schritt: Legen Sie klare Richtlinien für die Gemeindearbeit fest.

Jede Gemeinde sollte klare, schriftlich formulierte Richtlinien für die Gemeindearbeit haben. Aus diesen Richtlinien müßte auch hervorgehen, welche Position die Gemeinde gegenüber geistlichen Gaben einnimmt. Darin sollte unter anderem zu folgenden Fragen Stellung genommen werden:

1. Welche Geistesgaben erwarten wir in unserer Gemeinde? Sind wir offen für alle 27 Gaben oder wie viele es auch sein mögen? Halten wir Ausschau nach 19 oder nach 9 oder nach wie vielen Gaben?

2. Sind wir offen für Zeichengaben wie Zungenreden, Prophetie und Heilung? Wenn ja, sollten sie öffentlich oder nur privat gebraucht werden? Wenn öffentlich: Sollten sie in allen Gottesdiensten oder nur in bestimmten wirksam werden?

3. Wie gehen wir mit Menschen um, die neu in unsere Gemeinde kommen, aber eine andere Auffassung im Blick auf Geistesgaben haben? Oder wie verfahren wir mit langjährigen Gemeindegliedern, deren Überzeugung sich an dieser Stelle wandelt? Akzeptieren wir das, tolerieren wir es nur – oder empfehlen wir ihnen, sich einer anderen Gemeinde anzuschließen, die besser zu ihnen paßt?

Wir sollten diese Fragen mit der gleichen Freiheit behandeln, wie wir es inzwischen weltweit in der Tauffrage tun. Einige Gemeinden taufen, indem Babies mit Wasser besprengt werden. Andere Gemeinden taufen weder Kinder noch besprengen sie Täuflinge mit Wasser. Wieder andere Gemeinden, die Menschen durch Untertauchen taufen, legen Wert darauf, den Täufling dreimal anstatt nur einmal unterzutauchen. Einige tauchen ihn dreimal rückwärts und andere dreimal vorwärts unter. Die Quäker glauben überhaupt nicht an die Wassertaufe. Meine eigene Gemeinde meint, daß keine bestimmte Taufpraxis reglementiert werden sollte, und so taufen wir gleichermaßen Kinder und Erwachsene entweder durch Besprengen oder Untertauchen. Und ich vermute, wir würden auch einen Täufling dreimal vorwärts untertauchen, wenn er darum bäte.

Auf der ganzen Welt haben die verschiedenen Gemeinden also sehr unterschiedliche Taufformen entwickelt – und das ist gut so. In unserer Einstellung zu geistlichen Gaben sollten wir ähnlich verfahren. Legen Sie Ihre Richtlinien fest, entdecken Sie, welche besondere Gabenkombination Gott Ihrer Gemeinde gegeben hat – und lassen Sie uns gemeinsam Gott preisen für Gemeinden, die andere Gabenkombinationen und andere Anschauungen haben.

Aus dieser Haltung ergeben sich zwei Vorteile: Erstens wird die christliche Gemeinschaft vertieft. Es ist eine Tragödie, daß einige Gemeinden sich wegen Geistesgaben entzweit haben. Wenn es klare Richtlinien für den Gebrauch von Gaben gegeben hätte, wäre dies in den meisten Fällen zu vermeiden gewesen. Warum nicht bei unterschiedlichen Auffassungen bleiben und sich trotzdem in der Liebe Gottes verbunden wissen?

Der zweite Vorteil wird sein, daß Ihre Gemeinde wächst. Je größer die Vielfalt von Gemeinden, Frömmigkeitsstilen und Richtlinien für die Gemeindearbeit, desto mehr Menschen können für Christus gewonnen werden. Die Menschen selber sind so verschieden, daß wir auch dementsprechend unterschiedliche Gemeindetypen brauchen, um sie zu Christus zu führen. Für den Gemeindeaufbau wäre es ein Rückschlag, wenn alle Gemeinden gleich wären.

2. Schritt: Beginnen Sie mit einem Gemeindeaufbau-Programm.

Allein die Tatsache, daß eine Gemeinde damit beginnt, geistliche Gaben zu entdecken, zu entwickeln und einzusetzen, kann ihr in vielen Fällen schon zu Wachstum verhelfen. Aber Gemeindeaufbau ist weitaus komplexer, und der Einsatz von geistlichen Gaben ist nur eines von vielen Gemeindeaufbau-Prinzipien. Deshalb wird es in den meisten Fällen nicht ausreichen, lediglich über geistliche Gaben nachzudenken. Ein umfassendes Programm für den geplanten und gezielten Gemeindeaufbau ist notwendig.
Nur wenige Erfahrungen sind so frustrierend wie die, daß man eine geistliche Gabe entdeckt, aber keine Möglichkeit sieht, sie in der Gemeinde einzusetzen. Pfarrer müssen sich im klaren darüber sein, daß ihre Gemeinde auf diese Weise Gemeindeglieder verlieren kann. Sie werden in Gemeinden wechseln, in denen ihnen mehr Raum gegeben wird, Gott zu dienen.
Da es für mich an dieser Stelle unmöglich ist, in allen Einzelheiten zu erklären, wie ein Gemeindeaufbau-Programm entwickelt werden kann, möchte ich mich auf die Empfehlung beschränken, von den vielfältigen Seminarangeboten in diesem Bereich Gebrauch zu machen. Außerdem sollten Sie die Hilfe in Anspruch nehmen, die zunehmend durch professionelle Gemeindeaufbau-Berater angeboten wird. Kaum einer hat auf diesen Gebieten mehr Erfahrung und Erfolg als Win Arn, Direktor des „Institute for American Church Growth“. Die von ihm angebotenen Bücher, Filme und Arbeitsmaterialien sind exzellent.

3. Schritt: Erkennen Sie die Leiterschaft Ihres Pfarrers an.

Am besten ist eine Gemeindestruktur, die die Leitungsposition des Pfarrers anerkennt und es ihm ermöglicht, primär seine geistlichen Gaben einzusetzen. Für einen Pfarrer ist es außerordentlich schwierig, selbst an seine Leitungsfunktion zu erinnern, weil seine Motive leicht falsch ausgelegt werden können. Deshalb betone ich diesen Gedanken, wann immer ich Gelegenheit dazu habe. Da ich kein Pfarrer bin, brauche ich ich mir keine Sorgen zu machen, falsch verstanden zu werden. Auch ich habe einen Pfarrer über mir, und ich versuche, ihm und dem Mitarbeiterstab in meiner Gemeinde zu folgen. Viele Pfarrer leiden unter unausgesprochenen Frustrationen, weil so wenige Gemeindeglieder das biblische Prinzip des Gehorsams praktizieren. Auch dadurch kann der Gemeindeaufbau behindert werden.

4. Schritt: Packen Sie die Geistesgaben aus.

Vergleichen Sie einmal Erfahrungen in der Gemeinde mit dem Weihnachtsfest. Der Baum ist aufgestellt, und die Geschenke liegen darunter. Das einzige, was die Familie jetzt tun muß, ist dies: die Gaben auszupacken. Ihre Gemeinde kann wachsen. Gott hat sie bereits mit Gaben ausgestattet. Jetzt ist es an der Zeit, die Gaben auszupacken! Die folgenden sechs Punkte können Ihnen als eine Art „Checkliste" in diesem Prozeß dienen.

A. Motivieren Sie die Gemeinde von der Kanzel aus. Ich kenne einen Pfarrer, der 22 Predigten hintereinander über Geistesgaben hielt und dabei zwei aufsehenerregende Ergebnisse erzielte: Die Gemeindeglieder erkannten ihre eigenen Gaben, und die Gemeinde erlebte ein explosionsartiges Wachstum. Pfarrer von Gemeinden, die den Gemeindeaufbau nach den geistlichen Gaben der Mitarbeiter ausrichten, beziehen sich in ihren Predigten immer wieder auf geistliche Gaben. Jahr um Jahr gehen sie das Gabenthema von verschiedenen Seiten an, um die neu in die Gemeinde gekommenen Christen zu informieren und diejenigen, die schon länger dabei sind, zu bestärken. Wenn ein Pfarrer viel über geistliche Gaben spricht, ist es auch für seine Gemeindeglieder einfacher, miteinander darüber ins Gespräch zu kommen.

B. Studieren Sie, was die Bibel zu geistlichen Gaben sagt. Die Gemeindeglieder sollten nicht nur von der Kanzel etwas über geistliche Gaben hören, sondern sie müssen sich auch selbst damit befassen. Das kann im Mitarbeiterkreis, in Hauskreisen, in eigens zu diesem Thema gebildeten Gruppen, oder auch im Selbststudium geschehen. Mittlerweile gibt es auf diesem Gebiet etliche empfehlenswerte Hilfsmittel und Materialien. Ein intensives Bibelstudium hilft der Gemeinde, mit geistlichen Gaben vertraut zu werden und zu prüfen, wie sie in der eigenen Gemeinde eingesetzt werden können.

C. Helfen Sie erwachsenen Christen, ihre Gaben zu entdekken. Ich habe hier mit Bedacht das Wort „erwachsen“ gewählt, weil nicht jeder Christ jeden Alters in der Lage ist, seine geistlichen Gaben zu finden. Ich gehe von folgender Faustregel aus: Wenn Sie 18 sind und Ihre Gaben noch nicht kennen, sorgen Sie sich nicht; wahrscheinlich sind Sie einfach noch zu jung. Wenn Sie jedoch 25 sind und Ihre Geistesgaben immer noch nicht kennen, dann wird es höchste Zeit, sich Gedanken zu machen. Die Fähigkeit, seine Gaben zu entdecken, hängt meines Erachtens mit der emotionalen Reife eines Menschen zusammen. Emotional reife Christen sitzen sozusagen „in den Startlöchern“, um ihre Gaben herauszufinden. Aber der eine hat bereits mit 20 diese Reife, während andere mit 30 immer noch nicht an diesem Punkt angelangt sind.
Von neubekehrten Christen, die die nötige emotionale Reife haben, kann erwartet werden, daß sie innerhalb von vier bis zwölf Monaten ihre Gaben entdecken. Sie sollten gleich zu Anfang ihres Glaubens erfahren, daß Gott ihnen eine Gei-

stesgabe gegeben hat und diese nur darauf wartet, von ihnen entdeckt zu werden. Aber auch junge Menschen sollten sich schon mit geistlichen Gaben beschäftigen. Sie tun gut daran, mit allen möglichen Gaben zu experimentieren, aber sie sollten sich Zeit lassen, bevor sie definitive Schlußfolgerungen ziehen.

D. Führen Sie ein Gaben-Seminar durch. Eine der Frustrationen, die ich in den letzten 20 Jahren, in denen ich über geistliche Gaben lehre, immer wieder erlebte, war folgende: Es gab für mich keine Möglichkeit, die Christen, die meine Veranstaltungen besuchten, auch weiterhin zu begleiten. Deshalb bin ich froh, daß es mittlerweile Arbeitsmaterialien gibt, die einer Gemeinde dabei helfen, ein Gaben-Seminar in eigener Regie durchzuführen.

E. Machen Sie einen Plan, wie es weitergehen soll. Einige Gemeinden begehen den Fehler, Seminare über Geistesgaben durchzuführen, als wäre das lediglich eine unter vielen möglichen geistlichen Übungen. Dann gehen die Teilnehmer nach Hause – und alles läuft wie gewohnt weiter. Es gibt keine konkreten Pläne, wie weitergearbeitet werden soll, so daß der Nutzen dieser Seminare für den Gemeindeaufbau gering ist. Wenn die einzelnen Gemeindeglieder erst einmal damit begonnen haben, ihre Gaben zu identifizieren, dann sollten sie sich konkrete Ziele setzen. Ein Ziel könnte sein, daß 50 Prozent der erwachsenen Christen in der Gemeinde innerhalb von zwölf Monaten sagen können, was ihre geistliche Gabe ist, und daß weitere 20 Prozent dabei sind, ihre Gaben zu entdecken. Möglichst jede gemeindliche Gruppe sollte in diesen Prozeß einbezogen sein.

F. Setzen Sie den Prozeß kontinuierlich fort. Angebote zum Entdecken, Entwickeln und Einsetzen von geistlichen Gaben sollten in Ihrer Gemeinde fest verwurzelt sein. Dieser Prozeß sollte durch Bücher, Predigten, Schulungen und aufgabenorientierte Gruppen ständig unterstützt werden. Timotheus zum Beispiel vernachlässigte seine Gabe, und Paulus mußte ihn anspornen (vgl. 1 Tim 4,14). Das kann auch uns passieren, wenn wir nicht auf der Hut sind.

5. Schritt: Erwarten Sie den Segen Gottes.

Die Lehre über geistliche Gaben wurde nicht von einigen findigen Managern, Gemeindeaufbau-Beratern oder Theologieprofessoren erfunden. Sie kommt aus Gottes Wort. Es ist also Gottes Weg, den er mit seiner Gemeinde vorhat. Genauso hat er sich den Dienst der Christen gedacht – ob es nun darum geht, besser füreinander zu sorgen, mehr über den Glauben zu lernen, die Auferstehung Jesu Christi zu feiern oder verlorene Menschen mit der Botschaft von Gottes Liebe zu erreichen.

Glaube ist der Schlüssel. Ohne Glauben ist es unmöglich, Gott zu gefallen (vgl. Hebr 11,6). Glaube heißt Erwartung: daß Gott noch etwas Größeres mit uns vorhat, daß wir als Gemeinde so werden können, wie er uns haben möchte, daß er uns begabt hat und daß wir ein erfülltes Leben finden, wenn wir diese Gaben gebrauchen.

Der Glaube sagt uns: Gott will, daß seine Gemeinde gebaut wird. Er will, daß seine Gemeinde wächst. Er will, daß seine verlorenen Schafe gefunden und in die Herde gebracht werden. Und er will das alles durch die Gaben tun, die er jedem von uns gegeben hat.

10. „Die Zeit der Grabenkämpfe ist vorbei!" – Interview mit C. Peter Wagner

Im Einleitungskapitel Ihres Buches schreiben Sie: „Ich bin mir darüber bewußt, daß ich auch dann, wenn dieses Buch bereits gedruckt ist, noch viel dazulernen werde." Das ist nun neun Jahre her. War das nur eine der üblichen Bescheidenheitsfloskeln – oder hat sich dieser Satz inzwischen tatsächlich bewahrheitet?

Seitdem das Buch erschienen ist, habe ich die Gelegenheit gehabt, mit Hunderten von Christen und Dutzenden von Gemeinden einige der Hypothesen zu überprüfen. Deshalb habe ich jetzt etwas in der Hand, was mir damals noch nicht zur Verfügung stand: Reaktionen von Leuten, die die Theorien des Buches in die Praxis umgesetzt haben.

Und wie war dieses Feedback?

Außerordentlich ermutigend. Es hat bestätigt, daß die Ideen des Buches tatsächlich ein hilfreicher Ansatz sind. Deshalb bin ich heute gewisser denn je, daß dieser Zugang zu geistlichen Gaben richtig ist. Dabei habe ich ständig Kontakt zu Personen, die ganz andere Ansätze im Verständnis von Geistesgaben entwickelt haben. Einige dieser Leute sind enge Freunde von mir, wie zum Beispiel John Wimber. Ich habe mich auch mit diesen Konzepten beschäftigt, habe sehr aufmerksam auf diese Brüder gehört – glaube aber nach wie vor, daß die Sicht, die ich in meinem Buch vertrete, biblisch-theologisch und seelsorgerlich gesund ist.

Es gibt Leute, die sagen: Wenn Wagner die Gelegenheit hätte, sein Buch über Geistesgaben heute noch einmal zu schreiben, dann würde es ein anderes Buch.

Ich kann verstehen, daß es Leute gibt, die so denken. Seit Beginn der achtziger Jahre engagiere ich mich persönlich sehr stark in dem, was ich die „dritte Welle“ nenne. Hier machen wir Erfahrungen mit der übernatürlichen Kraft des Heiligen Geistes, zum Beispiel in Form von Heilung, Worten der Erkenntnis und so weiter. Dieser ganze Bereich ist, seitdem das Buch erschienen ist, ein viel zentralerer Bestandteil meines eigenen Dienstes geworden. Aber auch diese Art von Dienst steht ja nun in überhaupt keinem Widerspruch zum Gabenkonzept meines Buches, sondern fügt sich dort nahtlos ein.

Könnten Sie da Beispiele nennen?

1984 gab mir Gott die Gabe der Heilung. Im Buch habe ich davon nicht gesprochen – weil ich damals den Eindruck hatte, diese Gabe nicht zu haben. Aber bereits dort sagte ich: „So sehr wir sehen müssen, welche Kombination von Gaben uns Gott bereits gegeben hat, so müssen wir gleichzeitig offen sein für neue Gaben, die Gott uns in Zukunft schenken möchte.“ Und das hat er bei mir getan. Einige denken, ich würde das Buch heute „charismatischer“ schreiben. Aber diese Vermutung trifft nicht zu. Ich habe meine Auffassung über geistliche Gaben in keiner Weise geändert.

Eine These des Buches ist, daß unsere Haltung gegenüber Zeichen und Wundern mehr eine Frage des persönlichen Frömmigkeitsstils als eine zentrale Frage des Gemeindeaufbaus ist. Sie sagen sinngemäß: Eine Gemeinde kann mit und ohne Zeichen und Wunder wachsen. Denken Sie immer noch so? Trotz Ihres Engagements in der „dritten Welle“?

Ganz genau, das ist meine Meinung. Ich habe die Beziehung von Zeichen und Wundern zum Gemeindeaufbau gründlich untersucht. Dabei habe ich festgestellt, daß große Teile der Gemeinde Jesu Christi enorm wachsen, ohne jemals Zeichen und Wunder erfahren zu haben. Es gibt andere Teile der Gemeinde Jesu Christi, die mit Zeichen und Wundern gewachsen sind. Und es gibt wieder andere Teile, die zwar viele Zeichen und Wunder erleben, aber nur wenig Gemeindeaufbau. Worum es mir geht, das ist der Gemeindeaufbau –

deshalb hat sich meine Sicht der Dinge an dieser Stelle nicht geändert. Was ich in den letzten Jahren lernte, ist folgendes: Wenn wir die Gemeinde Jesu Christi im weltweiten Maßstab sehen und untersuchen, wo – statistisch gesehen – das aufsehenerregendste Wachstum geschieht, dann heißt die Antwort: Dort, wo übernatürliche Zeichen und Wunder erlebt werden. Das ist einfach eine Tatsache. Aber es ist – und das kann nicht oft genug betont werden – in keiner Weise der einzige Weg, den Gott segnet.

Sie wollen also sagen, daß sowohl die charismatische Bewegung als auch die Gruppen, die sich als nichtcharismatisch verstehen, recht haben, daß beide in der Gemeindeaufbau-Bewegung ihren wichtigen Stellenwert haben.

Genau das ist meine Position.

Aber wie reagieren diese Gruppen dann auf Ihre Sicht der Dinge? Ganz glücklich ist doch wohl keiner mit Ihnen – weder die Charismatiker noch die Anticharismatiker. Viele Anticharismatiker geben es als dogmatische Position aus, daß bestimmte Gaben einfach nicht vorkommen dürfen, während es einige Charismatiker gibt, die behaupten: Wir müssen diese und jene Gabe unbedingt haben.

Mein Dienst führt mich ständig in die verschiedensten kirchlichen Gruppierungen, deren Positionen in dieser Frage sehr unterschiedlich sind. Wenn Sie so wollen: Ich bin sowohl in charismatischen wie in anticharismatischen Kreisen engagiert. Und klare Tatsachen sprechen immer noch die deutlichste Sprache. Zum Beispiel gibt es bei uns in den USA eine sehr streng evangelikale Denomination, die beständig wächst: Ich meine die „Southern Baptists", seit vielen Jahren die größte Denomination in Amerika. Die generelle Einstellung in dieser Gruppe ist nichtcharismatisch. Sie sind vorbildlich im Gemeindeaufbau engagiert, erleben überreichlich Gottes Segen, viele ihrer Gemeinden wachsen geradezu spektakulär. Kein Charismatiker kann ihnen das absprechen. Ich beobachte derzeit folgendes: In den achtziger Jahren hat der Dogmatismus der Charismatiker, also das Bestehen darauf, daß diese und jene Dinge genau so zu geschehen haben, sehr stark abgenommen. Das war in den siebziger Jahren noch ganz anders. Charismatiker sind heute viel offener gegenüber dem, was der Heilige Geist in anderen Gruppen tut – obwohl das nicht bedeutet, daß sie ihre eigenen Überzeugungen aufgeben.

Was ist bisher die Hauptkritik an Ihrem Verständnis von Geistesgaben gewesen?

Ich will Ihnen gegenüber ganz ehrlich sein. Mittlerweile habe ich 28 Bücher geschrieben. Und die meisten davon sind in das Kreuzfeuer der Kritik geraten – von den verschiedensten Seiten. Aber bei meinem Buch über Geistesgaben blieb die Kritik fast völlig aus. Es wird allgemein als ein sehr hilfreiches Buch anerkannt.

Was unterscheidet denn Ihre Auffassung von Geistesgaben von dem, was Charismatiker vertreten?

In charismatischen Kreisen wird ja keine einheitliche Lehre von Geistesgaben gelehrt. Aber sehen Sie sich zum Beispiel die Gabenlehre von klassischen Pfingstlern an: Sie gehen davon aus, daß jeder Christ Zugang zu allen Gaben hat. Jeder Christ muß also bereit sein, jede Gabe zu praktizieren – zu jeder Zeit. Ich sage dagegen: Gott gibt jedem von uns sehr unterschiedliche Gaben oder Gabenkombinationen. Und er erwartet, daß wir verantwortlich damit umgehen. Aber wir werden nur für die Gaben verantwortlich gemacht, die Gott uns tatsächlich gegeben hat. Das ist unsere Platzanweisung.

Und mit dieser Lehre sind Pfingstler nicht glücklich.

Nicht immer. Zum Beispiel war ich einmal eingeladen, vor den Leitern einer großen pfingstlerischen Denomination über Gemeindeaufbau zu sprechen. Ich fragte den Verantwortlichen, auf welche Themenbereiche ich genauer eingehen sollte. Seine Antwort: „Sie können alles bringen bis auf ein Thema: Geistesgaben.“ Diese Gruppe, die das klassisch-pfingstlerische Konzept von Geistesgaben vertritt, mußte Schwierigkeiten mit meinem Gaben-Verständnis haben. Aber es gibt auch andere Fälle: Eine große pfingstlerische Denomination bittet mich zum Beispiel ausdrücklich, wann immer ich dort einen Dienst tue, über Geistesgaben zu lehren. Und wir erleben, wie diese ganze Denomination sich in einer Wandlung befindet: weg vom klassisch-pfingstlerischen Standpunkt in die Richtung, wie ich über Geistesgaben lehre. Kurz und gut: Es kommt vor, daß bestimmte Christen sagen: „Ich habe eine andere Auffassung von geistlichen Gaben als Wagner.“ Aber wirkliche Kontroversen hat es über mein Gaben-Buch nie gegeben.

Woran liegt das?

Ich glaube, im tiefsten liegt es daran, daß genau das einer der Wege ist, den der Heilige Geist in den achtziger Jahren mit seiner Gemeinde gehen möchte: Weg von den Kontroversen, Grabenkämpfen und Vorurteilen, die die Diskussion über Geistesgaben in der Vergangenheit belastet haben.

Sie haben herausgefunden, daß der durchschnittliche Christ keine Ahnung hat, was seine geistliche Gabe ist. Einige wissen noch nicht einmal, daß es Wege gibt, seine Gaben zu identifizieren. Woran liegt das? Ist das nicht die erste Aufgabe jeder Gemeinde: Menschen dabei zu helfen, ihre geistlichen Gaben zu entdecken, zu entwickeln und einzusetzen?

Der Hauptgrund liegt meiner Meinung nach darin, daß unsere theologische Tradition uns nicht darauf vorbereitet hat, nüchtern mit Gaben umzugehen. Gehen Sie zurück zu den Kirchenvätern wie zum Beispiel Augustin, Luther, Calvin oder Wesley. Sie werden sehen, daß keiner dieser großen Theologen das Konzept der geistlichen Gaben als Ansatzpunkt für den christlichen Dienst herausgearbeitet hat. Jetzt, im 20. Jahrhundert, hat es sich ergeben, daß die Pfingstler und Charismatiker das Thema Geistesgaben entdeckt haben. Diejenigen von uns, die mehr traditionellevangelikal eingestellt sind, haben deshalb ihre Anlaufschwierigkeiten bei diesem Thema gehabt. Für uns ist das heute ja kaum mehr vorstellbar, aber Anfang des Jahrhunderts gingen wir sogar so weit, Pfingstler als Häretiker zu bezeichnen. Das ist natürlich inzwischen längst überwunden, und wir sehen sie als wertvolle Brüder und Schwestern am Leib Christi. Aber immer noch stimmt: Unsere theologischen Traditionen helfen uns wenig, richtig mit Gaben umzugehen.

Aber theologische Tradition hin, theologische Tradition her – wenn in der Vergangenheit das Thema Geistesgaben fälschlicherweise ausgeklammert wurde, dann ist das doch ein Grund mehr, sich heute dieser Frage offensiv zu stellen.

Genau das erleben wir ja im Augenblick. Als ich in den fünfziger Jahren Theologie studierte, da gab es so gut wie keine theologische Ausbildungsstätte, die darüber lehrte, wie man seine geistlichen Gaben entdeckt, entwickelt und einsetzt. Heute hat sich dieses Bild grundlegend geändert. Es gibt tatsächlich kaum eine Ausbildungsstätte, die nicht über geistliche Gaben lehrt.

Stellen Sie sich vor, daß deutsche Leser Ihr Buch durchlesen und zu dem Ergebnis kommen: „Ja, Wagner hat recht. Das Konzept der geistlichen Gaben ist auch etwas für mich." Was wäre Ihr Rat an solche Leser? Wie können sie weiterkommen?

Ich würde zweierlei empfehlen. Erstens: Wenn es sich um christliche Leiter handelt, ganz gleich ob Laien oder Pfarrer, ist es ihre erste Aufgabe, diese Dinge zu lehren. Und zweitens gibt es, wenn ich richtig informiert bin, auch in Deutschland einige Hilfsmittel – Fragebögen, Workshops, Arbeitsmaterialien –, die sowohl einzelnen Christen als auch ganzen Gemeinden helfen, diese Gedanken in die Praxis umzusetzen. Sie sollten von diesen Materialien Gebrauch machen.

Das Gespräch führte Christian A. Schwarz